イースター小品集

わたしが十字架になります

及川 信

YOBEL,Inc.

装幀　ロゴスデザイン：長尾 優

わたしが十字架になります　目次

目　次

挿絵　白石孝子

表紙の絵

「うばめがしの木かげにたたずむ羊飼いと子ひつじ」

ヨハネ福音書一〇章には「われは善《よ》き牧者《ぼくしゃ》なり」とあります。

イエスはひつじの門であり、牧人《まきびと》です。

口　絵

「赤卵を手にするピラトの妻」
復活の赤卵、イースターエッグは初代教会より
復活の証《あかし》として、いまにいたるまで受け継がれています。

赤いゆり

一

生《う》まれて　はじめて　マリアは、一輪《いちりん》の白《しろ》いゆりを　天使《てんし》から　手《て》わたされました。
みずみずしい濃緑色《のうりよくしよく》のくきと葉《は》に　しっかり　ささえられた　おおきくて重《おも》たそう
な　純白《じゅんぱく》のゆりを　ひとりの天使が　うでをゆるやかにのばし　マリアに　さしだした
のです。
地平線《ちへいせん》が　しらみはじめる　朝《あさ》はやくのことでした。
おどろいたマリアは、大天使《だいてんし》ガブリエルのことばに　さらに　こころ　うたれました。
「幸《さいわ》いなるかな、祝福《しゅくふく》されしもの、主《しゅ》は　なんじと　ともにす」
かなり歳《とし》のはなれた　ヨセフと婚約《こんやく》していたマリアは、主とは、どなたのことなのだ
ろう、と思案《しあん》しました。
「おそれてはなりません。あなたは　神《かみ》の恩寵《おんちょう》をうけたのです。あなたは　みごもって

赤いゆり

男《おとこ》の子《こ》を生みます。その子を　イエスと名《な》づけなさい。その子は　すべてのひとをいやし、救《すく》うお方《かた》、救世主《メシア》です」

くびをかしげたマリアは、天使に　問《と》いかけました。神をうたがったのではありません。じぶんがまだ　未婚《みこん》であることを、天使に告《つ》げたのです。

「どうして　そういうことが　おこるのですか。わたしはまだ、結婚《けっこん》していませんのに」

天使は　にっこり　ほほ笑《え》みました。

「聖神《せいしん》（聖霊《せいれい》）が　あなたにくだり、いと高《たか》きお方の　こころと力《ちから》、あらゆる恵《めぐ》みがあなたをつつみます。それゆえ　生まれる男の子は、聖《せい》なる者《もの》、神《かみ》の子《こ》とよばれます。神には　できないことはないのです」

うれしくなったマリアは　頭《こうべ》をたれ　つつしみふかく　こたえました。

「わたしは　主のはしためです。おことばどおり、この身《み》になりますように」

その返答《へんとう》にまんぞくした天使は　すみやかに　去《さ》りました。

マリアは　素焼《すや》きの花《か》びんに　白いゆりを　活《い》けました。

なんともいえぬ　あまい芳香《ほうこう》が、へやのなかを　満《み》たします。
ゆり一輪の　ゆかしさ　りりしさを　マリアは　みつめました。
天使がじぶんに　のぞんでいる生《い》き方《かた》が　なぜか　はっきりわかる　そんな気《き》がしました。

二

「なつかしいあのひとが　いるような」
通《とお》りにめんする　間口《まぐち》のせまい玄関《げんかん》をぬけると　みため以上《いじょう》にひろい廊下《ろうか》、そして応《おう》接間《せつま》がマリアを　むかえてくれました。
婚宴会場《こんえんかいじょう》である　庭《にわ》のはしに立《た》ち、春《はる》の陽《ひ》ざしのまぶしさに　目《め》をほそめたマリアが、ぽつり　こぼした　ことばでした。
それをきいたイエスは　ほほ笑《え》みながら　ふかくうなずきました。

　この家《いえ》をつくるのを　イエスも手伝《てつだ》ったのです。そうです、ここは、マリアの夫《おっと》、大《だい》工《く》　ヨセフの建《た》てた家でした。
　ガリラヤのカナという町《まち》の　結婚式《けっこんしき》にまねかれた　マリアとイエスは、すでに　はじまっている祝宴《しゅくえん》よりも　ヨセフの息吹《いぶき》を感《かん》ぜられる家《いえ》に　感動《かんどう》していました。
新婚夫婦《しんこんふうふ》のすむ家を　ヨセフは設計《せっけい》し、建てたのです。
　ひとが住《す》み　初《はじ》めて家が完成《かんせい》する、ヨセフは　そう語《かた》っていました。
「神《かみ》に愛《あい》される幸《しあわ》せな生活《せいかつ》、幸福《こうふく》な夫婦、家とは　あたたかいものなのだ」
　ヨセフは　つねづね　そういっていました。
　そばの棚《たな》に花束《はなたば》をおくと　マリアは　家具《かぐ》をそおっと　なでました。
　マリアの庇護者《ひごしゃ》　夫ヨセフが　まごころこめてつくった家具が　へやのあちこちに配置《はいち》されていました。
　木《き》の肌《はだ》ざわりが　ヨセフの温《ぬく》もりのようでした。
　思《おも》わずマリアは　家具をなでながら　ほほをよせていました。

「あのひとが　ここにいるような」
涙《なみだ》があふれました。
愛《あい》するヨセフは、家を完成させたあと、結婚の祝宴を待《ま》たずに　永眠《えいみん》してしまったのです。
すうっと　ねむるような就寝《しゅうしん》でした。
ほほ笑《え》みをうかべたまま　逝《い》ってしまった夫は、妻《つま》であるマリアにこういったのです。
「ありがとう、おやすみなさい」
やさしく　やわらかな　ことばでした。ヨセフのこころからの思《おも》いを　マリアは　わすれられません。
木肌《きはだ》の感触《かんしょく》が　ヨセフの　にぎりかえしてくれる　手《て》のひらの　あたたかさのようでした。春の陽《ひ》だまりのような　暖《あたた》かなひとでした。
「ありがとう、あなた」
思《おも》い出《で》にひたる　母《はは》からそっと　はなれたイエスは、友人知人《ゆうじんちじん》らと談笑《だんしょう》しました。

赤《あか》、白《しろ》、黄色《きいろ》の　可憐《かれん》な花《はな》の　咲《さ》きみだれる庭には、あわいクリーム色《いろ》のかかったテーブルが、そこかしこにおかれています。

家族《かぞく》、友人《ゆうじん》のもちよった　料理《りょうり》や菓子《かし》が、テーブルいっぱいに盛《も》られています。つぼには、甘《あま》くておいしい　赤《あか》ぶどう酒《しゅ》がなみなみ、満《み》たされており、のんだ客人《きゃくじん》が　口《くち》ぐちに「うまい、おかわり」を　連呼《れんこ》していました。

素朴《そぼく》で　あたたかい祝宴でした。自作《じさく》の祝婚歌《しゅくこんか》をうたうひと、詩《し》を朗読《ろうどく》するひと、竪《たて》琴《ごと》やタンバリンにあわせて踊《おど》るひと　みな楽《たの》しそうです。

だれかが　おごそかな　美《うつく》しい声《こえ》で　「雅歌《がか》」を詠《うた》いはじめました。

しろい衣裳《いしょう》に身をつつみ、花《はな》の刺繍《ししゅう》をちりばめた　ヴェールをかぶる花嫁《はなよめ》。月桂樹《げっけいじゅ》をあみ　きれいな花《はな》をあしらった冠《かんむり》をかぶった花婿《はなむこ》をかこんだ　少女《しょうじょ》と若者《わかもの》が　のびやかな声《こえ》で　交唱《こうしょう》します。

おとめの歌《うた》

ぶどう酒にもまして　あなたの愛は快《こころよ》く
あなたの香油《こうゆ》、ながれる　その香油のように
あなたの名《な》は　かぐわしい。
おとめたちは　あなたを慕《した》っています。
おさそいください、わたしを。
いそぎましょう、王《おう》さま
わたしをお部屋《へや》に　ともなってください。

若者の歌
恋人《こいびと》よ、あなたをたとえよう
ファラオの車《くるま》をひく馬《うま》に。
房《ふさ》かざりのゆれる頬《ほお》も
玉《たま》かざりをかけた首《くび》も愛《あい》らしい。

あなたにつくってあげよう
銀《ぎん》にちらした金《きん》のかざりを。

この歌のとき、花婿は、金装飾《きんそうしょく》をあしらった銀《ぎん》のばらのネックレスを花嫁のくびにまわしました。花嫁の上気《じょうき》したピンク色のほっぺたに　花婿が口《くち》づけをしました。

若者の歌
恋人《こいびと》よ、あなたは美《うつく》しい。
あなたは美しく、その目は鳩《はと》のよう。

おとめの歌
恋しい人、美しいのはあなた
わたしのよろこび。

わたしたちの寝床《ねどこ》は緑《みどり》のしげみ。
レバノン杉《すぎ》が家《いえ》の梁《はり》、糸杉《いとすぎ》が垂木《たるき》。
わたしはシャロンのばら、野《の》のゆり。

若者の歌

おとめたちのなかにいるわたしの恋人は
いばらの中に咲《さ》きいでたゆりの花。

おとめの歌

恋しいあの人は　わたしのもの
わたしは　恋しいあの人のもの
ゆりの中で群《む》れを飼《か》っている　あの人のもの。

少女たちは　ちいさな花束を　手に手に　花嫁に手わたしました。

花婿は　花束をいっぱい胸《むね》にかかえた　花嫁をだっこすると、手拍子《てびょうし》をうち　笑《わら》い合《あ》う　祝《いわ》い客《きゃく》のなかを　ねり歩《ある》きます。

その光景《こうけい》を　うれしそうにながめていたマリアは　台所《だいどころ》の　なやみ、混乱《こんらん》した　ひそひそ声《こえ》に気《き》づきました。

「だめだ、ぶどう酒《しゅ》がない。たりない」

祝宴をとりしきっているひとりの若者、世話役《せわやく》が、手伝っている　まわりの男女《だんじょ》に声をかけました。

「どうしよう、いまから買《か》いだしに行《い》っても　間《ま》に合《あ》わない」

「こんなにお客さんがくるとは、想定《そうてい》していなかった」

「宴《えん》たけなわなのに、ここで終わり、お帰《かえ》りください、とはいえない」

「ちょっと考えさせてくれ」

世話役は通りにでると、石段《いしだん》にこしかけ　頭《あたま》をかかえました。

マリアは、そおっと　はなれると、庭《にわ》で友人《ゆうじん》と談笑《だんしょう》しているイエスのそばに近《ちか》より、さりげなくいいいました。

「もうぶどう酒がありません」

イエスは　すこしおどろいた顔《かお》をつくり、母《はは》を見《み》かえしました。

「わたしになんのかかわりがありましょうか。わたしの時《とき》は、まだ来《き》ていません」

背中《せなか》が冷《ひ》やっとするような言葉《ことば》をかえしたイエスですが、マリアが両手《りょうて》でイエスの右《みぎ》手《て》をにぎり、ほほ笑むすがたを　しっかり受《う》けとめていました。

もう一度　イエスの右手を両手でにぎったマリアは、イエスが　左手もそえて　にぎり返したのをたしかめると、台所へもどり、あたふた　混乱している　手伝いの男女にいいました。

「あのお方が、なにかを指示《しじ》なさったら、かならず　そのとおりにしてください」

凛《りん》とした威厳《いげん》のあるマリアのすがたに　かれらは　うなずいてしまいました。

そこには　清《きよ》めにつかう　おおきな石《いし》の水《みず》がめが　六《むっ》つありました。

イエスは、その水がめを指《ゆび》さしました。

「これらの水がめすべてに、水をいっぱいに　いれなさい」

まんまんと水をたたえた水がめを、イエスが十字《じゅうじ》を画《えが》いて祝福《しゅくふく》しました。それから柄《ひ》杓《しゃく》に水をくみ、ひとりの若者に　世話役に飲《の》ませるようすすめ、さらに念《ねん》をおしました。

「よいか、わたしのことは　いっさい他言無用《たごんむよう》だ。世話役には、花婿がぶどう酒を準備《じゅんび》していた。それをいま、おだししました、そういうのです」

柄杓を手わたされ、味見《あじみ》をした世話役は　びっくりしました。

こんなに美味《おい》しいぶどう酒を　飲んだことがありません。

あわてた世話役は　柄杓を手にしたまま花婿にかけより、ついおおきな声でいいました。

「だれでも最初《さいしょ》にうまくて美味しいぶどう酒をだし、酔《よ》いのまわったころ、質《しつ》の劣《おと》ったものをだすのに、あなたはさらに美味しい、ますますうまいぶどう酒をいまから、だされます。いままでとっておかれたのですか」

花婿は　きょとんとしました。

新しいぶどう酒がくばられ、乾杯《かんぱい》の声が　庭をにぎやかにこだましているとき、マリアは、ヨセフの手作りした棚においてあった、花束を手にとりました。

それは純白《じゅんぱく》のゆりでした。

マリアは、新郎新婦《しんろうしんぷ》にあゆみより　ふたりを祝福しながら　花束を手わたしました。

花嫁はうれしそうに　感動《かんどう》の声をあげました。

「まあ　なんという不思議な色合いのゆりなのでしょう。見たことのない美しさ、おまけになんと　神秘的《しんぴてき》なあまい香《かお》りでしょう」

マリアも　目を見はりました。

ゆりの花のくきにちかいところが、すこし濃《こ》いワインレッドのような赤色《あかいろ》、そこからしだいに色がうすらいでゆき、花びらのふちどりのほうは、真綿《まわた》のような清純《せいじゅん》な白《しろ》でした。

かすかな香りも　ひとを幸福《こうふく》にみちびくような、えもいわれぬ甘《あま》い匂《にお》いです。白や黄色の蝶《ちょう》がいくつもあつまり、祝福するかのように、花嫁のまわりを舞《ま》いおどっています。

はっとしたマリアは、庭のかたすみにたたずむ　イエスをみました。

イエスはうなずき、母マリアに　にっこり　ほほ笑みかえしました。

三

マリアは　マルタとマリア姉妹《しまい》、ラザロの住《す》んでいる家《いえ》に　滞在《たいざい》していました。

ラザロは　ヨハネとともに、イエスに気《き》にいられている　年少《ねんしょう》の弟子《でし》のひとりでした。

ただしラザロは　おさないころから病弱《びょうじゃく》でした。

少年《しょうねん》ラザロが　病《やまい》の床《とこ》についた　との報《ほう》をうけたマリアは、ラザロの看病《かんびょう》のため、やってきました。

ラザロはマリアを　母《はは》のように慕《した》いました。
いいえ、慕うというよりも、実母《じつぼ》としてこよなく愛《あい》していました。
マリアは　両親《りょうしん》のいない三人《さんにん》に、こころからの憐憫《れんびん》の情《じょう》をよせていました。
ところがラザロは　体力《たいりょく》を消耗《しょうもう》し、マリアに手をとられながら、眠《ねむ》るように逝《い》ってしまいました。
マリアと姉妹の悲《かな》しみは　どれほど深《ふか》くつらいものだったでしょうか。
少年が　葬《ほうむ》られてから　毎日《まいにち》　マリアは　墓《はか》に通《かよ》い、ちかくのひとたちに頼《たの》んでは墓穴《はかあな》のとびらである　おおきな石《いし》をどかし　ラザロの遺体《いたい》に香料《こうりょう》をぬり、乳香《にゅうこう》をたいて祈《いの》りつづけました。
村《むら》の共同墓地《きょうどうぼち》のある　ほら穴《あな》のまえには、花壇《かだん》がありました。
しばらく雨《あめ》が降《ふ》らないせいで、花壇の花《はな》は　しろっぽくしなびたり、茶色《ちゃいろ》くにごり、風《かぜ》にうたれ　たおれている花もありました。

ベタニヤには、どんなにひどい日照《ひで》りがつづいても　枯《か》れることのない泉《いずみ》がありました。人《ひと》びとは「尽《つ》きざる泉《いずみ》」とよび　たいせつにしていました。

その泉から　水をくむマリアは、だきかかえてきた　つぼの水を　ていねいに、ぐったりしている花に　かけました。

ラザロが葬《ほうむ》られてから、すでに四日《よっか》たちます。マリアは　あきらめることなく、やさしく花に　水をかけます。それは　神聖《しんせい》な　とりなしの祈り　のようにみえました。

そこへイエスの　わかい弟子が　かけつけました。

「マリアさま、先生《せんせい》が　いらっしゃいました」

共同墓地は、町《まち》の中央《ちゅうおう》の広場《ひろば》からたどると、東《ひがし》の町はずれにあります。イエスの一行《いっこう》は、その広場で、多《おお》くの群衆《ぐんしゅう》にさえぎられ、前《まえ》に進《すす》めなくなっていました。

「先生、ラザロのお墓は、このさき、東のほうです」

弟子たちが　群衆をかきわけ、ラザロの墓へと　道案内《みちあんない》していきます。

ラザロの姉妹のひとりマルタが、小走《こばし》りに　イエスのもとに　ちかづきました。

「主《しゅ》よ、もしあなたが　ここにいてくださったなら、ラザロは　永眠《えいみん》しなかったでしょう。しかしあなたが　神《かみ》にお願《ねが》いされることは、すべてかなえられると、わたしは　信《しん》じています」

マルタの目を　しっかりとらえたイエスは　いいました。

「あなたの弟《おとうと》は　復活《ふっかつ》します」

「終末《しゅうまつ》、神《かみ》の審判《しんぱん》の日《ひ》に　死者《ししゃ》がよみがえることを、わたしは信じています」

涙声《なみだごえ》になったマルタが　こたえました。

「わたしは　復活であり、命《いのち》です。わたしを信じる者は、死《し》んでも生《い》きる。わたしを信じるものは、けっして死ぬことはない」

「わたしはあなたが神の子、救世主《きゅうせいしゅ》であることを信じています」

マルタは　ふるえる声でそう答《こた》えると、マリアを呼《よ》びにいきました。

すでにイエスは、墓のまえ、花壇のところへきていました。

イエスは　墓をふさいでいるおおきな石、しおれている花、たくさんの悲《かな》しんでいる人《ひと》を目《め》にすると、立《た》ちすくみ、涙をながしました。

　人《ひと》びとが　口《くち》ぐちにいいました。

「先生が　どんなにか　ラザロを愛《あい》されていたことか」

「くやしいではないか、もっとはやく先生が　ここにきていれば、ラザロは　神《かみ》の手《て》によって　いやされたにちがいない」

「盲人《もうじん》の目をひらいた　このひとでさえ、ラザロを死なせないようにはできなかったのか」

　マルタとともに　イエスのもとに到着《とうちゃく》したマリアが、堰《せき》をきったような烈《はげ》しい口調《くちょう》、憂《うれ》いをふくんだ静《しず》かな声《こえ》で　マルタと同じことばを　くり返《かえ》しました。マリアは、涙をこらえ　マルタにだきつきました。

「主よ、もしあなたがここにいてくださったなら、ラザロは　永眠しなかったでしょう」

　こころに憤《いきどお》りをおぼえ、身《み》もこころも　熱《あつ》くなったイエスは　つよい声でいいました。

「そのおおきな石をのけ、墓をひらきなさい」

マルタが　イエスを　ふりかえりました。

「主よ、もう四日たっています。においはじめているのです」

「信じるなら、神の栄光《えいこう》がみられる」

姉妹は　おもわずイエスの母マリアを見ました。

しずかな決意《けつい》をたたえ、眸《ひとみ》をうるませているマリアが、姉妹にうなずきました。

同意《どうい》をえた男《おとこ》ふたりが、おおきな石を　ずらしました。

ほら穴から　あふれでる遺体《いたい》の腐臭《ふしゅう》があたりにただよい、つめかけた人びとが　あわてて呼吸《こきゅう》をとめ　青《あお》ざめた顔《かお》で　すいっとうしろに下《さ》がりました。

まえにすすみでたイエスは　恬然《てんぜん》と両手《りょうて》をあげ　かおを天《てん》にむけ　祈りはじめました。

母マリアは、ななめうしろに立ち　胸《むね》のまえに　十字《じゅうじ》に手《て》を組《く》み　いっしょに黙祷《もくとう》しています。


天《てん》の父《ちち》よ、あなたはわたしを　あらゆるひとを救《すく》うために　つかわされました。

いやしと救いを　罪《つみ》のゆるしと希望《きぼう》を　死ではなく復活を　永遠《えいえん》の　生命《いのち》をおあたえください。父よ、いまこそ栄光をあらわしてください。わたしたちに恵《めぐ》みを　生きる光《ひかり》をおあたえください。

お陽《ひ》さまをさえぎっていた　ねずみ色《いろ》の雲《くも》がひらき、すきまから　一条《ひとすじ》の光がふりそそぎ　輝《かがや》きが　イエスをつつみます。まぶしい光が　波紋《はもん》となり　人びとをあたたかくつつみ　イエスのほうへ　ひきよせます。

大地《だいち》にひれ伏《ふ》したイエスが　かわいた地面《じめん》に　祝福《しゅくふく》の接吻《せっぷん》をします。いつのまにか腐臭《ふしゅう》が消《き》えさり　神秘的《しんぴてき》な甘《あま》い花の香《かお》りがそよいでいます。からだをおこしたイエスは　母マリアにうなずくと　墓のまえに向《む》きなおり　おごそかに　いいました。

「ラザロよ、でてきなさい」

ほら穴に　はいったマリアは、亜麻《あま》でつくられた埋葬布《まいそうぬの》に　全身《ぜんしん》くるまれているラザ

ロの手をとり、外《そと》へ　つれだしました。
――天国《てんごく》、神《かみ》の国《くに》の香《かお》り、
マリアは　そう　思《おも》いました。
イエスは　姉妹に　ラザロをひきわたすと、歩《あゆ》みさりました。

一行《いっこう》を見おくったマリアは　花壇に目をとめ　目を　みはりました。
あんなにしおれていた花が美《うつく》しく　色とりどりに咲《さ》きみだれ　くきや葉《は》も　みずみずしい　あざやかな緑《みどり》になっています。
神にふきこまれた命《いのち》を　謳歌《おうか》しているようです。
みかん色、うす紅《べに》色、桃《もも》色にかわった　ゆりの花が　陶然《とうぜん》とする　やすらかな芳香《ほうこう》をはなち、花園《はなぞの》に、蝶《ちょう》やみつばちが舞《ま》っています。
よみがえった花が　ラザロの復活を　祝《いわ》います。
ひざまずいたマリアは　ゆりの花を愛《め》でながら　ひとり　祈りました。

四

十字架《じゅうじか》にかけられ　永眠《えいみん》したイエスは、からだじゅう傷《きず》だらけでした。
いばらの冠《かんむり》、ムチや棒《ぼう》に打《う》たれ　石《いし》を投《な》げつけられ　血《ち》と泥《どろ》にまみれていました。
あの日《ひ》　とおいあの日《ひ》、マリアは　ベツレヘムの洞窟《どうくつ》の馬小屋《うまごや》で　かわいい赤《あか》ちゃんをうみました。
産湯《うぶゆ》につかった　赤《あか》ちゃん　イエスを　やさしく　だいたマリア。
命《いのち》の輝《かがや》き　光《ひかり》を　だきしめた思《おも》いでした。
でも　いま　マリアは　十字架から降《お》ろされた　イエスをだいています。
からだの傷《きず》　ひとつ　ひとつを　清める水は、マリアと　女性《じょせい》の弟子《でし》たちの　涙《なみだ》でもありました。香油《こうゆ》をぬり、亜麻《あま》で織《お》られた　新《あたら》しい埋葬布《まいそうぬの》に　イエスをつつみました。
アリマタヤのヨセフ、友人のニコデモが準備《じゅんび》した　ろばのひく荷車《にぐるま》に　イエスを乗《の》せ新《あたら》しい墓《はか》へとはこび　埋葬《まいそう》するのです。
夕闇《ゆうやみ》につつまれ　夜《よる》のとばりが下《お》り　暗《くら》くなってゆく道《みち》を　月《つき》と星《ほし》の　まるで　雨《あめ》の
降《ふ》るような光の糸《いと》が　ほのかに照《て》らしています。
道の両《りょう》がわには　名《な》もなき花が　可憐《かれん》に咲《さ》いています。
マリアの耳《みみ》に　イエスのことばが　ひびいてきます。

野《の》の花を見よ、ひとのように　競《きそ》い合《あ》ってはいない。しかし、言《い》っておく。
栄華《えいが》をきわめたソロモンでさえ、この花　ひとつほどにも着《き》かざってはいなかった。
きょうは　生《は》え　あすは　炉《ろ》に　投《な》げこまれる　野の草花でさえ、神はこのように
よそおってくださる。だから、なにを着ようか、なにを食《た》べようか、なにを飲《の》もうか
と、思いわずらってはいけない。

ろばのひく荷車をとりまく人びとの足《あし》どりは重《おも》く、マリアもうなだれ　力つきたかの

ようです。道のかたわらに咲く花も　みな、涙にかすみ　いっそう　はかなげに見えました。

しかし ——

そのとき。

道《みち》ばたの　純白《じゅんぱく》のゆりが　みるまに　真紅《しんく》に　染《そ》まってゆきました。

ひときわ美《うつく》しい　一輪《いちりん》の真《ま》っ白《しろ》なゆりに　マリアの目がひかれました。

山《やま》や野原《のはら》には　ぽつんと咲いている　ゆりがあります。なぜ　ひとつだけ　そこに咲いているのか、マリアはいつも　不思議《ふしぎ》に思《おも》っていました。

救い主をみごもることを　告《つ》げた天使《てんし》が贈《おく》ってくれた　白いゆりは、神の庭《にわ》にむかえられた　花の女王《じょうおう》が身《み》にまとう　ウェディングドレスのようでした。

その花を　うけとったときの感動《かんどう》とよろこびが　よみがえり、　こころと　からだの芯《しん》を　熱《ねっ》していきます。

マリアの脳裏《のうり》に　荒《あ》れ地《ち》に咲いている　孤高《ここう》のゆりの映像《えいぞう》が　よぎりました。
「ゆりのように　わたしは　生《い》きよう」
マリアは　荷車の先頭《せんとう》にたち　ろばのクツワを　しっかり　にぎりました。
いやしと救《すく》い、よみがえりの生《い》き方《かた》へと　みちびく　光《ひかり》の誘導路《ゆうどうろ》のように、
ゆりがつぎつぎ　赤《あか》く染まります。

先頭《せんとう》にたち　花園《はなぞの》を　あゆむ　マリアのすがたは　舟《ふね》の梶《かじ》をとり　荒海《あらうみ》をわたる
操舵手《そうだしゅ》のように　みえます。
エデンの園《その》の草花《くさばな》は、神の足音《あしおと》をきくと　花ひらき　実《み》をむすんでいく　といいます。
イエスの聖《せい》なるからだをのせた荷車と　マリアの足音をきいたゆりは、花ひらき
みるまに色《いろ》づき　春《はる》の風《かぜ》に　ゆれています。
ゆりは　神の足音　神の鼓動《こどう》を　きいているのでしょうか。
荷車がすすむさきの　赤いゆりは　祝福《しゅくふく》の香《かお》りを　はなちつづけています。

白いろば

エルサレム郊外《こうがい》のちいさな集落《しゅうらく》に、家畜商店《かちくしょうてん》、貸動物屋《かしどうぶつや》がありました。

看板《かんばん》には　おおきな文字《もじ》、ヘブライ語《ご》、ギリシャ語、ラテン語で、

「アララト商会《しょうかい》　よろず動物　売《う》ります　貸《か》します」

ちいさな文字で「くわしくは応談《おうだん》」と　表示《ひょうじ》されています。

母《はは》ろばの名《な》は　ヘルモン。

まぶしいほど　白《しろ》いろばです。

家畜商店の社長《しゃちょう》、親方《おやかた》は、預言者《よげんしゃ》が修行《しゅぎょう》するという　ヘルモン山《さん》の冠雪《かんせつ》、純白《じゅんぱく》の神々《こうごう》しさに感激《かんげき》し　そう名づけました。

初花《はつはな》の季節《きせつ》、かわいいろばの子《こ》が　生まれました。

「子ろばを　なんと名づけようか」

親方は　うきうきしています。

出産直後《しゅっさんちょくご》、朝陽《あさひ》を浴《あ》びながら　母《はは》ろばの下腹《したはら》にもぐりこみ、けん命《めい》に乳《ちち》をすう子ろばを見た、親方のおどろきから　物語《ものがたり》がはじまります。

一

「なぜだ、なんで　こんなに　真《ま》っ黒《くろ》なんだ」

　かおじゅう黒ひげ、もじゃもじゃの親方が、それでも母ろばを　びっくりさせないよう、しかし　せいいっぱいの大声《おおごえ》で　さけびました。

「おまけに　なんで　こんなに　でかいんだ」

「おとうさん、どうしたの」

　そういいながら、のぞきこんだ少年も、目をまるくしました。

「ほんとだ、真っ黒だ。生《う》まれたてなのに、ほんと、でっかいね」

「だろ、ふつうは、生まれたての子ろばは、細《ほそ》っこくて、すらりと華奢《きゃしゃ》なものだ。でもみてごらん。黒くて、でかいんだ」

　少年がみあげた父は、困惑《こんわく》の表情《ひょうじょう》でした。もちろん無事出産《ぶじしゅっさん》のうれしさも　すこしあります。父は　息子《むすこ》に話しかけました。

「白《しろ》いろばは、ひく手《て》あまた、人気商品《にんきしょうひん》なんだ。でもなあ、黒いろばは、ときどき　縁《えん》起《ぎ》がわるい　とか　いわれて、なあ」

しぶい声《こえ》が　湿《しめ》っています。

「おとうさん、こんなに漆黒《しっこく》の　つやつやして　きれいな黒いろばは　めったにいないよ。それに成長《せいちょう》するにつれて、白くかわっていくかもしれない。たのしみがふえたね、おとうさん」

いつものように　子《こ》のカールした髪《かみ》の毛《け》を　ぐしゃぐしゃ　右手《みぎて》でかきまわした父が、ほっと　ため息《いき》をつきながら「ありがと、な」そういいました。

二

「やあ、きのうの朝《あさ》　生《う》まれたんだってね、おめでと」

右《みぎ》がわの木《き》の柵《さく》からひょっこり、くすんだ白《しろ》い鼻《はな》ずらをのぞかせたのは、ひと月《つき》ほどまえに生まれたラバでした。

舌足《したた》らずな話《はな》しかたで、語尾《ごび》が消《き》えてしまう　鼻声《はなごえ》でした。

「きみはだれなの」

黒《くろ》いろばの子《こ》が　たずねました。

「ぼくはね、ラバ。知ってるかい、きみのおとうさんは、ぼくとおなじ　おとうさんなんだよ。おかあさんは　ウマなんだ」

そうなのです。オスのろばと　メスのウマが結婚《けっこん》してうまれるのが　ラバです。ろばの頑健《がんけん》さとウマの柔軟《じゅうなん》さを　あわせもっているのがラバで、ひとの飼育下《しいくか》では　ひとが交配《こうはい》します。野生《やせい》でも　まれにそういうことがあるのだそうです。

「だからぼくたちは、むずかしい言《い》いかたをすると、異母兄弟《いぼきょうだい》なんだ。わかる？」

ラバが　自慢《じまん》げに　いいます。

「ぼくは　特別《とくべつ》な存在《そんざい》なんだ。貿易商《ぼうえきしょう》のお金持《かねも》ちが　乗馬《じょうば》として買《か》いとってくれるんだ。

もっとからだが　大《おお》きくなったら、鞍《くら》をつけ、ひとを乗《の》せる練習《れんしゅう》をするんだ」

「ふふーん、なーんだ　お金持《かねも》ちか。ぼくは　ちがうよ。ローマ軍《ぐん》の将軍《しょうぐん》が　買《か》いとってくれる　という話《はなし》なんだ」

左《ひだり》がわの木の柵からラバよりも　おおきな　ながい頭をつきだしたのが、白《しろ》っぽいウマの子《こ》でした。眉間《みけん》のあたりの黒《くろ》っぽい毛《け》が　初《うい》ういしく　ゆれています。

「みてごらん、たてがみだって、もっと白くながくなって、むこうにいるラバよりもかっこよく　立派《りっぱ》になるのさ」

ラバと　おなじころに生まれたウマの子が、鼻の穴《あな》をふくらませ、ラバを挑発《ちょうはつ》しました。

「おまえって、ぶれいなやつだな。ま、ぼくのことはいいさ。でもさ、そこのろばの子に〝お誕生《たんじょう》　おめでと〟くらい　いえないのか。おかあさんから、礼儀《れいぎ》をおそわっていないの」

こういわれたウマの子は、とってつけたように「おめでと」、ぶっきらぼうにいいました。

「ふん、このろばの子は　真っ黒だろ、おまけに、むだにでかい。仕事《しごと》なんかないかもしれないよ。みんな言《い》ってるよ。このお店《みせ》は　白《しろ》い動物《どうぶつ》が売《う》りなのに、こいつひとり、真っ黒だって」

すてゼリフをなげつけた　ウマの子は、すっと　かおをひっこめました。

「失礼《しつれい》なウマの子《こ》だ、ま、気《き》にするな、弟《おとうと》よ。きみはちょっと黒すぎるが、それも愛嬌《あいきょう》だよ」

右目《みぎめ》でウインクしたラバは、「じゃ　また」そういって、すがたを消《け》しました。

ため息をついたろばの子が、母《はは》ろばのからだに　黒いはなをこすりつけ、甘《あま》えます。

「おかあさん、ぼくって　そんなに黒い？　仕事がないの？」

しきワラのうえで　うたたねをしていた母ろばが、むっくり　からだをおこすと、くいーっと背《せ》のびをしました。

「わたしの大事《だいじ》な　かわいい子《こ》、心配《しんぱい》しなくていいよ。神《かみ》さまがお守《まも》りくださっているからね」

　おなかのすいたろばの子が、乳にすいつきました。

「たんとお飲《の》み、ゆっくり眠《ねむ》って、じょうぶな子に育《そだ》つんだよ」

　不安《ふあん》のよぎった子ろばでしたが、おなかがいっぱいになると、ほっと安心《あんしん》し　母ろばの足《あし》もとで、四《よん》ほんの足《あし》を　くーんとのばし　熟睡《じゅくすい》しました。

三

　黒《くろ》いろばの子《こ》が生《う》まれて　ひと月《つき》たちました。

　早朝《そうちょう》、うららかな春《はる》の陽《ひ》ざしが　放牧場《ほうぼくじょう》を満《み》たします。

　大地《だいち》の呼吸《いき》が　土《つち》のにおいを　あたり一面《いちめん》にたちこめさせます。春《はる》のそよ風《かぜ》が　やわらかな指《ゆび》さきのような新芽《しんめ》を　そよそよ　なでています。まるで芽吹《めぶ》いたばかりの牧草《ぼくそう》を、みどりの風が　応援《おうえん》しているかのようです。

なんという　うれしい景色《けしき》でしょう。

母《はは》ろばといっしょに小屋《こや》から　放《はな》たれた子《こ》ろばが、ぎくしゃくとした　リズミカルな足どりで　はずむように牧場《まきば》を　闊歩《かっぽ》します。

となりのウマの子、ラバも、ラバのおかあさんのウマも、ラバと黒い子ろばの父《ちち》ろばも　つぎつぎに放牧され　思《おも》いおもい　若芽《わかめ》を食《は》んだり、寝《ね》ころがって牧草《ぼくそう》に　背《せ》をこすりつけたりしています。

かなりひろい馬場《ばば》を　小走《こばし》りにステップした子《こ》ろばが、息《いき》をととのえるため　立《た》ちどまりました。馬防柵《ばぼうさく》のうえに、白《しろ》いおんどりと　めんどりが　とまっていました。

「あんただな、真っ黒な、でかい子ろばっていうのは」

「ここはね、あたしたちのような純白《じゅんぱく》の衣裳《いしょう》に身《み》をつつんだ、選《えら》ばれしもののいる場所《ばしょ》なんだ。わかるかい」

二羽《にわ》のにわとりが　けたたましい声《こえ》で　さけびました。

赤《あか》いトサカのみごとなおんどりが、いきなり鬨《とき》の声《こえ》をあげます。

「コケコッコー、コーコッコ、コーケッコー」

　すこし小柄《こがら》な白《しろ》いめんどりが、小《こ》きざみにからだをふるわせ、「クワァ、クワァ、コッコー」と　鳴《な》きだしました。

「だいじょうぶかい、おまえ」

「あなた、卵《たまご》をうまなきゃいけない時間《じかん》がきたの」

「おい　黒いの、あんたの仕事《しごと》はなんだ。おれの仕事は　鬨の声、かみさんの仕事は　毎朝《まいあさ》、白い卵をうむことさ」

　おんどりにつきそわれためんどりが　卵をうむため柵から飛《と》びおり、あわてて　にわとり小屋《こや》へ走《はし》りこむ様子《ようす》を　子ろばが見おくりました。

「よう、黒い子ろば、牧場《ぼくじょう》デビューだねえ」

　真っ白な牧羊犬《ぼくようけん》が、柵のむこうから　陽気《ようき》な声《こえ》をかけてきました。

「おまえ、ほんとうに黒いんだな。すごいよ」

「真っ黒な子ろば、おっきく生まれて　おめでとう」

――

「でもほんとに、めでたいのかね」

「ほんと、縁起《えんぎ》でもない」

「不吉《ふきつ》な黒いろばって　あいつなの」

しゃべりまくっているのは、五〇頭《とう》あまりの　白いひつじの群《む》れでした。

「うるさいだろう、こいつらのおしゃべりには　まいるよ、耳《みみ》がへんになる。さて、こいつらを　丘《おか》の牧草地《ぼくそうち》へ　つれていかなきゃ」

白い牧羊犬《ぼくようけん》は、ふり返《かえ》りざま、にやっと　わらいました。

「よいことを　おしえてやる」

「よいことって　なあに」

「いいかい、ここには　ふたつのルール、約束《やくそく》ごとがある。ひとつ、からだが白いこと。ふたつ、仕事をすること」

「仕事ってなに」

子ろばが　あどけない黒い瞳《ひとみ》で　牧羊犬にたずねました。

「さがすんだな、じぶんの仕事を」

かけまわり　みじかくほえながら　白いひつじの群れをたばねると、

「負《ま》けるなよ、黒い子ろばちゃん」

牧羊犬は、「いそがしや　いそがしや」くり返《かえ》しながら、去《さ》っていきました。

とび跳《は》ねるように　走《はし》っていく牧羊犬を目《め》で追《お》っているとき、

「生まれたんだってな、まずは　おめでとう　そういっておこう」

太《ふと》いがらがら声で語りかけてきたのは、じぶんの影《かげ》ですっぽり　子ろばをつつみこんだ、おおきなクマでした。

白い動物が〝売り〟のアララト商会《しょうかい》なのですが、このクマは　白というより〝灰色《はいいろ》〟といったほうがよい　色あいでした。

「おれたちはな、たのしい行事《ぎょうじ》やお祭《まつ》りのとき、大活躍《だいかつやく》する人気者《にんきもの》、タレント集団《しゅうだん》、大道《だいどう》芸《げい》の達人《たつじん》なんだ」

にぎやかそうな面々《めんめん》の登場《とうじょう》に　子《こ》ろばが　絶句《ぜっく》しました。

クマの口上《こうじょう》もなかなかのもので　うまい弁士《べんし》ぶりです。

空中《くうちゅう》での前転《ぜんてん》、後転《こうてん》が得意《とくい》な　白《しろ》い小型犬《こがたけん》が、ぴょんぴょん　ジャンプしながら　空中を滑走《かっそう》します。クマが　まるい輪《わ》をかかげると、白いイヌ、白いウサギ、白いおおきなラットが　次《つぎ》つぎに、その輪を飛《と》んでは　くぐります。

「本番《ほんばん》では　ふつうの輪くぐりのあと、火《ひ》をつけた輪を　くぐるんだぜ。すごいだろ。つぎは　白ヘビの登場」

クマが器用《きよう》に笛《ふえ》をふくと、目のまえにおかれた唐草模様《からくさもよう》のつぼから、白ヘビが　赤《あか》いふたまたの舌《した》を　ピロピロだしながら、くねくね登場しました。

「さあ、おつぎは、軽業師《かるわざし》　かおまけの芸達者《げいたっしゃ》」

真っ白で筋骨《きんこつ》たくましいマントヒヒが、ひょうきんな表情《ひょうじょう》であらわれ、クマのからだ

を　ひょいひょい乗《の》りこえ、木の柵を逆《さか》だちしたまま、なん度《ど》も宙《ちゅう》がえりしています。
「すごいだろう、どんなに高くても　綱《つな》わたりで落《お》っこちたことなんか、一度《いちど》もないんだ」
　クマが　たかい声で　さけびます。
「さあ　おたちあい。さいごのシメは　動物《どうぶつ》ピラミッド！」
　クマの右肩《みぎかた》にマントヒヒ、左肩《ひだりかた》にイヌ、ティアラのようにひたいにまきついたヘビが
クマのみけんでチロチロ　赤い舌をだし、ひろげた両手には　ウサギとラットが　ちょこなんと　のり、ばっちり〝決めポーズ〟を披露《ひろう》しました。
「さあて　くろい子ろばよ。おまえさんの仕事は　なにかな。親方《おやかた》の采配《さいはい》が　たのしみだぜ」
　ひと言《こと》も　ろばの子に　発言《はつげん》させないまま、子ろばの気持《きも》ちを　無視《むし》した一座《いちざ》は、
クマのふく笛《ふえ》の音《ね》にのり　まるでチンドン屋《や》のように　リズミカルに踊《おど》りながら、去っていきました。

　みんなに無視《むし》され、意地悪《いじわる》をいわれ、つかれきり　つまんなそうに帰《かえ》ってきた子ろばが、母ろばにいいました。

「ねえ、縁起《えんぎ》でもないとか、不吉《ふきつ》って　なあに」

「むずかしいことばを知っているんだね、……でも気《き》にしちゃだめよ」

　母ろばには　なにがおきたのか　お見《み》とおしでした。

「じぶんの仕事って」

「生まれたばっかりで、まだまだ早《はや》いよ。きっとおまえに　ふさわしい仕事《しごと》を　神《かみ》さまがおあたえくださいます」

「からだが黒いって、だめなことなの」

　子ろばが気づかぬような　かすかなため息《いき》が、母ろばから　こぼれました。

　あまりにも深《ふか》く愛《あい》しているがゆえの、こころの痛《いた》みです。

「大切《たいせつ》なのは、こころだよ。おまえの　やさしいこころを、神さまがおぼえていてくださるからね」
母ろばは　子ろばの幸《しあわ》せを　神に祈《いの》りました。

四

つぎの日の朝《あさ》はやく、白《しろ》いおんどりが鬨《とき》の声《こえ》をあげ、東《ひがし》の地平線《ちへいせん》の丘陵《きゅうりょう》が朝陽《あさひ》を映《うつ》して　オレンジ色《いろ》に染《そ》まるころ、数羽《すうわ》の白いハトが、ろばの馬房《ばぼう》の木《き》の柵《さく》にならびました。

「おはよう、寝《ね》ぼすけの　黒《くろ》い子《こ》ろばちゃん」

「……おはようございます」

なんとか返事《へんじ》をしたものの、まだ眠《ねむ》いろばの子は、くびだけおこし、柵にならんだ白いハトをみました。

「きょうはこれから仕事《しごと》だよ。あんたらもいっしょに行くのかい」

「え、なんのこと」

「結婚式《けっこんしき》さ。祝宴《しゅくえん》のはじまりに、わたしたちが　会場《かいじょう》の空《そら》を何回《なんかい》も　円《えん》をかいて翔《と》ぶんだ」

「わたしたちの羽《は》ばたき、羽音《はおと》をきいてごらん。きっと感動《かんどう》するよ」

「その雄姿《ゆうし》は、ノアの箱船《はこぶね》へ　ご先祖《せんぞ》さまが　もどったときを　連想《れんそう》させるのさ」

白いハトたちが、いっせいに　かがやく純白《じゅんぱく》の胸《むね》をそらし　自慢《じまん》します。

「そのときから、わたしたちは　〝祝福《しゅくふく》されし白ハト〟と　ほめそやされている」

「鳥《とり》の世界《せかい》で　いちばん　神《かみ》さまに　愛《あい》されているんだ」

母《はは》ろばは　うんざりした顔《かお》をしました。「いく度《ど》もきいた話《はなし》」だったからです。でも子ろばにとっては　はじめての話ばかりです。

「ノアの箱船《はこぶね》の話、もっと　ききたいかい」

「ウン、もっとして」

ハトたちは　なれた様子《ようす》で、たのしそうに話を展開《てんかい》します。

「大昔《おおむかし》、大地《だいち》は　罪悪《ざいあく》に満《み》ちた。人間《にんげん》が悪《わる》いんだ、わるいことばっかりする」

「神《かみ》さまがお怒《いか》りになって、悪《わる》いひとを滅《ほろ》ぼそうとなさった。とばっちりを食《く》ったのは動物《どうぶつ》と植物《しょくぶつ》だ。神さまは　大洪水《だいこうずい》をおこすと　おっしゃった」

「大洪水？」

「雨《あめ》を知《し》っているだろう。わたしたちが　飲《の》む水《みず》の入《はい》ったオケを　何万個《こ》もひっくり返《かえ》したような雨《あめ》、みずのかたまりが　どばどば　大地《だいち》に降《ふ》りそそいだ。空《そら》も真《ま》っ黒《くろ》、お陽《ひ》さまも照《て》らないから　大地も真っ黒」

ろばの子は　目を　まあるくしました。

「何十日《なんじゅうにち》も　雨がつづいた。そこで　わたしたちの先祖、動物と植物を救《すく》ったのが　ノアなんだ。ノアは　家族《かぞく》といっしょに、巨大《きょだい》な箱船《はこぶね》をつくった」

「箱船？」

「この小屋《こや》を何百倍《なんびゃくばい》もおおきくして、海《うみ》に沈《しず》まないような形《かたち》にした　とにかく　でっかい船《ふね》さ。そこに　動物も植物も　みんな　のりこんだ」

「どしゃぶりの雨が　四〇日《しじゅうにち》　四〇夜《や》つづき、水《みず》がどんどん　ふえてゆく。大地が　水

の底《そこ》となるまでに　四〇日、ようやく水がひきはじめるまで　一五〇日《ひゃくごじゅうにち》もかかった」

「きっと　それって　すごいことなんだね」

「ここから北《きた》のほう、うんと遠《とお》いところに　神さまが　おえらびになった聖《せい》なる山《やま》、アララト山《さん》がある。そのたかい峰《みね》に　箱船がたどりついた」

まるで　さっき　みてきたかのような描写《びょうしゃ》です。ハトは　目をほそめ、みな　おなじように白いくびをのばし　感動しています。

「どんどん洪水の水が　ひいていく。ノアは　船からおりて　だいじょうぶかどうか知りたくなった。さて、だれを放《はな》して調査《ちょうさ》させたと思《おも》う」

「白いハト」

ハトは　左《ひだり》のつばさを　水平《すいへい》にひろげると、チッと　いいました。

「カラスだ。あの陰険《いんけん》、いじわる、真っ黒なカラス。われらの敵《てき》、いけすかないやつさ」

「あいつらに　調査能力《ちょうさのうりょく》　なんて　あるもんか。そうとも、わたしたちには　伝書《でんしょ》バトという重大《じゅうだい》な仕事《しごと》だってある。ひとの役《やく》にたっているんだぞ」

「からすは　役にたたなかった。じゃあ、つぎに　ノアがえらんだのは、だれ？」

　ろばの子が　おそるおそる　いいました。

「……白いハト……」

　めいっぱいハト胸をそらし、両翼《りょうよく》をひろげたハトが　勝《か》ちほこって　いばります。

「われらのご先祖さまは　緑色《みどりいろ》の美《うつく》しいオリーブの枝《えだ》をくわえて　箱船に帰《かえ》ってきた」

「神さまが、わが白ハト一族《いちぞく》を　祝福《しゅくふく》された瞬間《しゅんかん》、天《てん》には　七色《なないろ》の虹《にじ》が光《ひか》り輝《かがや》いていた、という話だ」

　ハトたちの脳裏《のうり》には、歓喜《かんき》のファンファーレが　鳴《な》りわたっているのでしょう。みな恍惚《こうこつ》とした表情《ひょうじょう》です。

「またこんなところにきている、さあ、ハト小屋に帰るんだ」

　黒いもじゃヒゲの親方《おやかた》が、ハトにむかい　手で合図《あいず》をおくりました。

　白いハトは　馬房《ばぼう》のなかを低空《ていくう》に　糸《いと》ひくように　ピューと翔《と》びながら、

「おい　黒いろばの子、仕事のじゃまをするなよ」

言いすて　飛びさっていきました。

「おとうさん、ハトは　この柵のうえにならんで、なにをしてたの」

「おおかた　自慢話《じまんばなし》でもしてたんだろう。あいつらは　生まれたばかりの子がいると、かならず　ああして集《あつ》まってくるんだ」

少年《しょうねん》にそういうと　親方は、母ろばをつれだす　準備《じゅんび》をはじめました。

結婚式のまえに、父《ちち》ろばにのった花婿《はなむこ》がむかえにいき、花嫁《はなよめ》が母ろばにのって祝宴会場へいく予定なのです。

「おとうさん、黒い子ろばがぐずって、母ろばのそばから　離《はな》れないよ、どうする」

親方は　ちょっとだけ　かんがえました。でもすぐ　決断《けつだん》しました。

「いっしょに　つれていこう。ちかくに　母ろばがいないと　不安《ふあん》なんだろう」

「わかった、ぼくが　めんどうをみるから」

少年は　うれしそうに、子ろばの肩《かた》を　なでました。

親方と店員《てんいん》が、二頭《にとう》のろばを庭《にわ》につれだし、ちいさな荷馬車《にばしゃ》には　ハトの入っているケージをつみました。

現地《げんち》へ行《い》ってから、ろばには　横《よこ》がけ用《よう》の特別《とくべつ》な鞍《くら》が　かけられます。

親方や店員が　いそがしそうにかけまわる様子《ようす》を、子ろばは　不安げにながめていました。

五

町《まち》はずれの丘《おか》には　早春《そうしゅん》のすずしげな風《かぜ》がそよいでいます。
そこには、色《いろ》とりどりの天幕《てんまく》がはられ、テーブルには　おいしそうな　ごちそうがならべられています。
ひろがる緑野《りょくや》の　とおく　はるかに、残雪《ざんせつ》うつしい山《やま》なみが　つらなり、空《そら》の透《す》きとおった青《あお》との　絶妙《ぜつみょう》のコントラストが　こころを　おどらせます。

白《しろ》いろばにのった　花婿《はなむこ》と花嫁《はなよめ》が　つきました。
会堂司《かいどうつかさ》のラビが　祝福《しゅくふく》のことばをとなえると、みなが唱和《しょうわ》します。
それから宴会《えんかい》が　はじまりました。笛《ふえ》やタンバリンがさかんに鳴《な》らされ、たのしい歌《うた》声《ごえ》が　丘のうえにひびきます。
祝宴《しゅくえん》の司会者《しかいしゃ》が　黒《くろ》いもじゃひげの親方《おやかた》に　合図《あいず》をおくりました。
「さあ、ふたりの首途《かどで》を祝《いわ》おう、幾歳《いくとせ》も！」
「幾歳も！」
親方がハトのケージをあけました。十数羽《じゅうすうわ》の真《ま》っ白《しろ》なハトが　天《てん》におおきな弧《こ》を　えがきました。弧《こ》すなわち円《えん》は、永遠《えいえん》をあらわします。
ふたりの永遠《えいえん》の愛《あい》、とこしえにつづく信愛《しんあい》を　ハトのえがく　天空《てんくう》の弧《こ》が象徴《しょうちょう》します。
観客《かんきゃく》が　いっせいに観声《かんせい》をあげ、手《て》をたたきました。
「きれいだなあ」

ろばの子《こ》が　くびをのばし　空《そら》を見《み》あげているそのときでした。のんびり飛《と》んでいた一匹《いっぴき》のアブが　ハトの羽音《はおと》と　ひとの歓声にびっくりし、あわてて　子ろばの耳《みみ》にとびこみ、チクリと　刺《さ》しました。

おどろいた子ろばは、両足《りょうあし》をふんばって　さおだちとなり　けん命《めい》におさえようとした少年《しょうねん》を　つき飛《と》ばしました。親方や店員《てんいん》をふりはらい、祝宴会場《しゅくえんかいじょう》に乱入《らんにゅう》するや、料理《りょうり》の満載《まんさい》したテーブルをひっくり返《かえ》し、イスをけとばし、はられた天幕を　あたまにかぶり、あたりを　ぐるぐる　かけまわりました。

白《しろ》いハトの群《む》れは、わが家《や》であるハト小屋《こや》に帰《かえ》るのをわすれ、ぐしゃぐしゃになっている祝宴会場《しゅくえんかいじょう》を見おろしながら、いく度《ど》も円《えん》をかいていました。

夕方《ゆうがた》、親方と店員は、ろば三頭《さんとう》と荷車《にぐるま》、からっぽのハトのケージや道具《どうぐ》をつんで帰ってきました。みな無言《むごん》でした。

疲《つか》れきったからだを　馬房《ばぼう》にいれた母《はは》ろばも、黙《だま》っていました。

数羽《すうわ》の白《しろ》いハトが、木《き》の柵《さく》のうえに　とまりました。みな子ろばを　にらんでいます。

「せっかくの仕事《しごと》を　台《だい》なしにしてくれたな。黒《くろ》いろばよ」

「信用《しんよう》をなくしちゃったんだ。おまえのせいで」

「この店《みせ》の名前《なまえ》を　知《し》ってるか？」

子ろばは　涙目《なみだめ》になり　あたまをすこし、ふりました。

「ノアの箱船《はこぶね》にちなみ、アララトというんだ」

「黒は　だめなんだ、やっぱり　白だ」

「アララト商会《しょうかい》は　もうおしまいだ」

子ろばの瞳《ひとみ》から　いくすじもの涙が　こぼれ落《お》ちました。

「うさぎウマ、うさぎウマ」

白いハトが　口《くち》ぐちに子ろばをののしり、合唱《がっしょう》します。

「穴《あな》でも　掘《ほ》ってろ、うさぎウマ」

子ろばのまわりを、ぐるぐる飛びまわりながら、ハトは　声に　高低《こうてい》、たのしげな拍《ひょう》子《し》をつけ、「うさぎウマ」と歌《うた》います。

じぶんのした大失態《だいしったい》の重《おも》みが　子ろばに、のしかかってきます。

そこへ親方が　ひとりの身《み》なりの立派《りっぱ》な、紫檀《したん》のつえをついた　初老《しょろう》の男性《だんせい》を案内《あんない》してきました。

「ああ、この子が　おお暴《あば》れした　おおきな黒い子ろばだね」

親方が　馬房《ばぼう》の入《い》り口《ぐち》をひらくと　男性は、すうっと　入りました。母ろばに　心配《しんぱい》をあたえるような　粗暴《そぼう》さのない、やさしい　ものごしでした。

しげしげと　子ろばを観察《かんさつ》し、いちばん敏感《びんかん》な耳にさわりながら　親方にいいました。

「耳のなかを刺《さ》されたんだ、おそらくアブだ」

「それであんなにおどろいて、あばれたんですね」

「痛《いた》かったろう、かわいそうに」

男性は、金貨を何枚か　親方に手わたしました。

「こ、こんなに」

「親方や店員に　粗相《そそう》があったわけじゃない」

　男性は　にっこりしました。

「みんなに、一生《いっしょう》わすれられない　結婚記念《けっこんきねん》の思《おも》い出《で》を　贈《おく》ってくれた。わたしの孫《まご》である花婿と　花嫁に。子ろばのおかげで」

　親方は、そのことばに涙ぐみ、男性の右手《みぎて》をにぎりました。

　男性は　あらたまった表情で　親方に語りかけました。

「この母ろばと子ろばを　かしてくれないだろうか」

　親方はしっかりした口調《くちょう》で「はい」と　こたえました。

　紳士《しんし》の名は、アリマタヤ出身《しゅっしん》、最高法院《さいこうほういん》、サンヘドリンの議員《ぎいん》、ヨセフといいました。

　ヨセフは　オリーブ山《やま》のふもとにある　ベトファゲとベタニヤ　という村《むら》のさかい、道《みち》の交差点《こうさてん》を　待《ま》ちあわせ場所《ばしょ》に決《き》めました。

六

あくる日《ひ》、親方《おやかた》と少年《しょうねん》が　母子《ははこ》のろばを　ひいて　待《ま》ちあわせ場所《ばしょ》へ　むかいました。

待《ま》ちあわせ場所《ばしょ》、道《みち》の交差点《こうさてん》の広場《ひろば》には、たくさんの弟子《でし》がいました。

ヨセフが　イエスを　子ろばのところへ案内《あんない》しました。

イエスが、目《め》もとに笑《え》みをうかべ、いいました。

「すまないが、しばらく、わたしたちだけにしてください」

父《ちち》である親方が肩《かた》をゆすり、少年をうながして、イエスとろばから　とおざかりました。

イエスは　母ろばと子ろばのあいだにはいり、左右《さゆう》の手《て》で　二頭《にとう》をなでました。

「おまえたちに　お願《ねが》いがある。ひとつ、わたしがエルサレムへ入るとき　のせておくれ。もうひとつ、わたしが永眠《えいみん》したら、わたしを　お墓《はか》まで運《はこ》んでほしい」

おおきく見《み》ひらいた　母ろばの眸《ひとみ》から、おおつぶの涙《なみだ》がこぼれます。

「おお、神《かみ》の子《こ》、救《すく》い主《ぬし》よ、どうしてそんな　悲《かな》しいことをおっしゃるのですか。そのおせには、したがいたくありません」

「おまえには　すべてが理解《りかい》できる。わたしは知《し》っている。おまえはふつうのひと以上《いじょう》に　神と　ひとのことがわかっている」

イエスは、母ろばのひたいに　接吻《せっぷん》しました。つややかな長《なが》いまつげが　またたき、涙《なみだ》の池《いけ》が　足《あし》もとを　潤《うるお》しました。

つぎにイエスは　子ろばに　話《はな》しかけました。

「……悲《かな》しいのか」

堰《せき》を切《き》ったかのように　子ろばが　ぼろぼろ　泣《な》きだしました。

地団駄《じだんだ》をふみ、前足《まえあし》で地面《じめん》をけり、まわりのひとたちがびっくりして、かけつけようとするくらい、子ろばが　泣きじゃくりました。

まわりのひとを目《め》でおさえたイエスは、泣いている子ろばの背《せ》を　赤《あか》ちゃんを　あや

すように　そおっとなでました。

「子よ、黒《くろ》いか白《しろ》いか　おおきいか　ちいさいかで、人生《じんせい》をはかることなど　できはしない。みて、きいて、さわったことで、すべてのことがわかると　思《おも》ってはいけない」

「……みて、きいて、さわったりすれば、すべてが　わかるんじゃないの？」

　ほほ笑《え》みながら　イエスがいいました。

「ものごとの本質《ほんしつ》、真実《しんじつ》とか　真理《しんり》は、目《め》にみえないもの、神《かみ》の叡智《えいち》　心《こころ》の目をこらさなければ、つかめないものなのだよ」

　ろばの子は　不思議《ふしぎ》そうに　くびをかしげました。

「もうひとつ、理想《りそう》と目的《もくてき》のちがいを　おぼえておくとよい」

「……理想と目的」

「わたしたちは　神の理想を　実現《じつげん》しよう」

「……わたしたちで？」

「おまえと　おかあさんと、わたし」

イエスは　にっこり笑うと、子ろばに　右目《みぎめ》でウインクしました。そして母ろばにしたように、子ろばのひたいにも　接吻《せっぷん》しました。

「さあ　いこう」

子ろばにじぶんの上着《うわぎ》をかけると、イエスは　横がけに　ろばの背《せ》にのりました。思わぬイエスの行動《こうどう》に、親方も少年もびっくりしました。

てっきり母ろばにのるのだ　と思っていたのです。

おとなの体重《たいじゅう》をのせるのは酷《こく》だ、そう感《かん》じた親方でしたが、子ろばは　平然《へいぜん》と　イエスをのせていました。

一瞬《いっしゅん》　子ろばは、地球全体《ちきゅうぜんたい》を　のせたかのような　重圧《じゅうあつ》を感《かん》じました。

でも子ろばは、なにものかに、しっかり　ささえられているような、安心感《あんしんかん》も　あじわっていました。このひと　イエスといっしょにあゆめば、なにも心配《しんぱい》することはない、そう信《しん》じられました。

エルサレムへの道をすすむ　漆黒《しっこく》の子ろばのよこに、ぴったり　母ろばがつきそいました。
人垣《ひとがき》のつくる道に、それぞれの家《いえ》から　絨毯《じゅうたん》やテーブルカバーが　もちだされては、しかれていきます。上着　庭《にわ》の草花《くさばな》、木《き》の枝《えだ》も　道にしかれました。人びとが　手に手に　草花やなつめやしの枝などをかざし　歓呼《かんこ》をあげます。

聖《せい》　聖　聖なるかな、主《しゅ》サワオフ
なんじの光栄《こうえい》は　天地《てんち》に満《み》つ
至《い》と高《たか》きに　オサンナ
主の名《な》によりて　来《き》たる者《もの》は　あがめ讃《ほ》めらる
至と高きに　オサンナ

子ろばが　母ろばに　そっと　たずねます。
「理想と目的のちがいって、なあに、おかあさん」

白いろば

しばし母ろばが　黙考《もっこう》してから、返事《へんじ》をします。

「とおい　はるかな高《たか》みにある理想を　追《お》いもとめる生《い》き方《かた》と、目先《めさき》の利益《りえき》だけを　最《さい》優先《ゆうせん》にする生き方の　ちがいだと思う」

母のことばは、子ろばには　よくわかりません。

「あなたはいま、どうなりたいの」

子ろばが　気《き》まずそうに、いいました。

「白くなりたい」

「それがいまの目的。ではあなたの理想とは　なんでしょうね。いっしょに　さがしながら　生きてみましょう」

「生きるって、むずかしいことなの」

「思いどおりにならないことのほうが多《おお》い。でも　神さまといっしょに生きるとき、それが正《ただ》しい夢《ゆめ》ならば、かならず神さまが　かなえてくださいます。……信《しん》じましょう……」

母は　じぶんにいいきかせるように　子ろばに語《かた》っていました。

子ろばが　さらに　たずねます。

「主サワオフって　なあに、オサンナは？」

「天使《てんし》たちを　ひきいる主なる神が、主サワオフ。オサンナは〝神よ、われらを救《すく》いたまえ〟という意味《いみ》です」

「神よ、われらを救いたまえ。それが神さまの理想なの、ひとの理想なの」

母ろばは　はっとしました。

これから数日後《すうじつご》におこるであろう　イエスの運命《うんめい》を予感《よかん》している母ろばは、こころの痛《いた》みに　おしつぶされそうでした。

「なぜ、なぜ、ひとを救うために　イエスが　犠牲《ぎせい》とならねばならないのか」

涙が　とまりません。

子ろばが　いいます。

「わかった、イエスさまの理想って、ひとを救うことなんだ」

あまりにも　むじゃきなことばです。でも　そのみじかいことばが、短剣《たんけん》となり　母ろばの胸《むね》をつらぬきます。

花の道の聖なる行進《こうしん》をみていた少年が　おおきな声《こえ》で　いいました。

「みて、おとうさん。あの子ろば、お陽《ひ》さまの光《ひかり》に照《て》らされて、白く輝《かがや》いているよ。すごいね、黒いか白いかなんて、ほんとうは　どうでもいいことなんだね、おとうさん」

「ろばと会話《かいわ》をし、ひたいに接吻したのは　あのひとだけだ。あのお方《かた》は　神の光に満たされている」

少年の手をにぎりながら、親方である父が　泣いています。

「あのひとは、神の子、救い主にちがいない。わたしは信じる」

白く光りかがやく子ろばのうしろ姿《すがた》を、少年は　ずっと目で追《お》っています。

こぶしで涙をぬぐいながら、親方が　ひとり　つぶやきます。

「天《てん》の神が　ろばの清純《せいじゅん》さをあわれみ、お救いくださった。ろばの子に　聖なる仕事《しごと》をあたえたもうたのだから」

ろばの子は、神の国への　光の階段《かいだん》を　のぼっていくかのようでした。

エルサレム市街《しがい》へはいる　城門《じょうもん》まえにさしかかり、すいっと　あゆみをとめた子ろばが　母にいいました。

「生きるって、イエスさまといっしょにいることなんだね」

思わず、やさしく子ろばに　かおを　すりよせた母のからだが、イエスの足にさわりました。

イエスは　子と母のくびをなでながら　うれしそうに　ほほ笑みました。

バラバ

一

「きのうから　ここにいる、おまえ。革命家《かくめいか》なのか」

イエスの弟子《でし》が　思《おも》いおもいに、街道《かいどう》ぞいの　雑木林《ぞうきばやし》の木《こ》かげに　やすんでいます。

そのなかの　ふたりが　けやきの木《き》の下《した》で　あたりに気《き》をくばりながら　声《こえ》をひそめていました。

「傷《きず》のある男《おとこ》の話《はなし》をきいたことがある。そのひたいの傷　しるしをみれば　わかる、そうだろ」

男は、おもわず灰色《はいいろ》の頭巾《ずきん》を深《ふか》めに　かぶりなおしました。

「ローマ帝国《ていこく》への　抵抗運動《ていこううんどう》のあかし、名誉《めいよ》の負傷《ふしょう》なんだろう」

どんぐり色《いろ》の　ぽわぽわした　茶髪《ちゃぱつ》の青年《せいねん》は、話の内容《ないよう》とは　うらはらの　明《あか》るい声をしています。

「おれは、シモン、熱心党《ねっしんとう》のシモン。なあ　おしえてくれ、どうすればいい。おれ、ほんものの革命家に　なりたいんだ」

そう　自己紹介をします。

「ローマ帝国のいわれなき軛《くびき》から、わが同胞《どうほう》、ユダヤ民族《みんぞく》を解放《かいほう》する熱心党に　おれは……」

――くわわり　革命運動を　実行したいのだが……

シモンの　こころの声を　察《さっ》した　バラバが　たずねました。

「革命家ではないのか、イエスは」

「ちがう……ちがった」

数人《すうにん》の男女《だんじょ》にかこまれて談笑《だんしょう》しているイエスを、シモンが見《み》ました。

「革命家ではないイエスと　どうして　いっしょにいるんだ」

「おまんまの　食《く》いっぱぐれがないからな。人とお金《かね》が　いつの間《ま》にか、集《あつ》まってくるんだ。不思議《ふしぎ》なひとだよ。でも、いっしょにいると安心《あんしん》なんだ」

ため息《いき》をついたバラバに、声が　追《お》いかけてきました。

「まあ、もちつもたれつ、だな」

（イエスに　養《やしな》ってもらっているのは　だれなんだ）

にが笑《わら》いしているバラバを　イエスが　やさしく　みていました。

バラバは、どきっとしました。

「試《ため》したら　どうだ」

シモンに　バラバがいいました。

「みんなのまえで　試すのさ、ほんものの　革命家かどうか」

首《くび》をかしげたシモンは、暗《くら》い穴《あな》ぞこのような　バラバの瞳《ひとみ》を　みました。

二

あるとき　ちかくの駐屯地《ちゅうとんち》から、ローマ軍《ぐん》の百人隊《ひゃくにんたい》、隊長《たいちょう》がやってきました。

じぶんの部下《ぶか》が　病気《びょうき》で　ふせっているので、いやしてほしいと　イエスに　ねがいました。隊長の　誠実《せいじつ》な人柄《ひとがら》をみてとった　イエスは、いいました。

「ただちに　そこへ　むかおう」

するとと隊長が　真摯《しんし》な口調《くちょう》で　いいます。

「主《しゅ》よ、ご足労《そくろう》にはおよびません。わたしはあなたを、じぶんの屋根《やね》の下《した》に迎《むか》えいれられるようなものではありません。わたしも権威《けんい》のしたにあるものですが、配下《はいか》の兵士《へいし》に〝行《い》け〟といえば行《い》き、〝来《こ》い〟といえば来《き》ます。ほかの兵士に〝これをせよ〟と　命ずるとそうします。ですから　どうか、ひと言《こと》　お願《ねが》いします。わたしの部下《ぶか》をいやす、そうおっしゃってください」

イエスはいたく感動《かんどう》し、

「いっておくが、イスラエルのなかでさえ、これほどの信仰《しんこう》を　みたことがない」

まわりを　みまわしたあと、隊長に　いいました。

「あなたの部下は　いやされる」

ほおを赤《あか》らめ、うれしそうに　笑《え》みをうかべた隊長は、ローマ軍式《ぐんしき》の敬礼《けいれい》をイエスにささげたあと、さっそうと帰《かえ》っていきました。

「信仰の異《こと》なるローマ帝国《ていこく》の兵士をいやすとは。信《しん》じられない、神《かみ》を冒瀆《ぼうとく》している」

あたりが　非難《ひなん》の声《こえ》で　ざわざわ　しています。

シモンが連《つ》れてきた　ファリサイ派《は》や　律法学者《りっぽうがくしゃ》たちの　声《こえ》です。

そのとき　イエスをほめそやすように　あるひとが、いいました。

「先生《せんせい》　あなたは、だれにでも公平《こうへい》で　分《わ》けへだてしないお方《かた》、律法《りっぽう》にくわしく、真理《しんり》にもとづいて　神の道《みち》を説《と》いておられます。そこで質問《しつもん》です。ローマに税金《ぜいきん》をおさめるのは、律法にかなっていることでしょうか。おさめるべきなのか、税金をおさめないほうがよいのか、お答《こた》えください」

イエスを　とりかこむ輪《わ》が　じわっと　せばまったようでした。

意外《いがい》なことばが　イエスから　発《はっ》せられました。

「デナリオン銀貨《ぎんか》が　ありますか」
ひとりの律法学者が　シモンから　わたされた銀貨を　イエスにみせました。
「ごらんなさい、だれの　肖像《しょうぞう》と銘《めい》が　刻印《こくいん》されていますか」
人びとは　ためらいました。
イエスは　みなを見《み》まわし、返答《へんとう》を待《ま》っています。顔《かお》を見合《みあ》わせた人《ひと》びとは、しかたなく答《こた》えました。
「ローマ皇帝《こうてい》です」
イエスは　ゆっくり　まるでわが子《こ》に　いいきかせるのように　諭《さと》しました。
「皇帝のものは　皇帝に、神のものは　神にかえしなさい」
銀貨をかえされるシモンと　そのうしろにいるバラバに　ほほ笑みかけたイエスが春《はる》のそよ風《かぜ》のように　去《さ》りました。
うしろ姿《すがた》を　見送《みおく》った人びとは　ことばを　のみこんだままでした。

「やっぱり　すごいな、先生は」

感動《かんどう》しているシモンが、じぶんの手《て》のひらの　銀貨に　見いっています。　バラバが

舌《した》うちしました。

「あの先生はしたたかだ。……革命家《かくめいか》かどうかを証明《しょうめい》する　実験《じっけん》をしよう」

「……実験？」

「もうひとり　仲間《なかま》をふやす」

ふところに　銀貨をしまったシモンが　バラバをみました。

「金箱《かねばこ》の管理《かんり》をしているあいつ、苦労《くろう》して　伝道資金《でんどうしきん》をかきあつめているのに、むくわれ

ない。じぶんの仕事《しごと》が　ただしく評価《ひょうか》されていないと、直弟子《まなでし》なのに　イエスの非難《ひなん》ば

かりしている」

「イスカリオテのユダ」

「あいつなら、おあつらえむきだ」

「みょうに怖《こわ》いやつだ、あの男《おとこ》、きらいだ」

バラバも　そう感《かん》じていましたが、だからこそ利用《りよう》できる、そうシモンにいいました。

三

イエスの一行《いっこう》は、シモンの実家《じっか》に宿泊《しゅくはく》することになりました。シモンの実家《じっか》は　大邸《だいてい》宅《たく》でした。

ひとつの集落《しゅうらく》すべてが　シモンの父《ちち》の土地《とち》で、まわりの家《いえ》も畑《はたけ》もシモンの父が貸《か》しており、その賃貸収入《ちんたいしゅうにゅう》だけでも　たいへんなものでした。

恥《は》ずかしそうに　シモンが　いいました。

「お父《とう》さんは　サタンの手下《てした》、地獄《じごく》の金庫番《きんこばん》だ。借金《しゃっきん》をかえせないものを、じぶんの農《のう》園《えん》や工場《こうば》で　こきつかっている。給料《きゅうりょう》なしだが、食事《しょくじ》はでる。水《みず》のようにうすい豆《まめ》スープが」

シモンが　革命家《かくめいか》をめざしている理由《りゆう》の一端《いったん》が、バラバには　わかる気《き》がしてきました。

そういう話《はなし》には　興味《きょうみ》のない　イスカリオテのユダが　いいました。

「で、わたしの役割《やくわり》は？」

バラバが　説明《せつめい》します。

「おれたちの目標《もくひょう》は、あの先生《せんせい》の目《め》を　覚《さ》まさせ、革命家としての　自覚《じかく》を取《と》りもどすことだ。ユダ、あんたは、するどい金銭感覚《きんせんかんかく》をもっている。そうだな」

ぶつけるような　弾力《だんりょく》のある口調《くちょう》で　ユダが　持論《じろん》を展開《てんかい》します。

「あの弁舌《べんぜつ》、奇蹟《きせき》をおこす神秘《しんぴ》の力《ちから》、未来《みらい》の預言《よげん》。ぜんぶ　本物《ほんもの》なのに、先生は　ごじぶんの才覚《さいかく》を　真《しん》に活《い》かそうとはしない。世《よ》の中《なか》を動《うご》かしているのは金《かね》だ。金さえあれば、革命も、信仰《しんこう》も、おれたちも、みな満足《まんぞく》し、あらゆる目的《もくてき》が　達成《たっせい》されるにちがいない。万事《ばんじ》、金なんだ」

栗色《くりいろ》の巻《ま》き毛《げ》のユダは、長《なが》くのびた髪《かみ》のさきをゆらしながら、シモンに　ささやきました。

「お父《とう》さんに　まとまった資金《しきん》を　投資《とうし》できたら　何十倍《なんじゅうばい》にもふやすことができるんだろう」

勢《いきお》いに　押《お》され　シモンが　うなずきました。

「うん、おれから父に　お金をあずけるよ。あとで何十倍にもして、ユダ、あんたに　返《かえ》してあげる」

ユダはうれしそうに、ほほをゆがめました。

「そうすれば　先生は　わたしを　見直《みなお》す。わたしの　真価《しんか》に気《き》づき、わたしの提案《ていあん》にも耳《みみ》を　かたむけるにちがいない。わたしほど　先生の　ほんとうの値《ね》うちを　知《し》っているものはいないのだから」

うなずきながら　シモンがいいました。

「イエスに　会《あ》うのを　まち憧《こ》がれている　おかしな女性《じょせい》がいる。親《おや》の遺産《いさん》を受《う》けついで　金がある。さみしがりの　その女性を、呼《よ》んでくる。女性のあつかいに　先生がこまったら、おれたちが　あいだに入《はい》って、先生を　助《たす》ける。ついでに　女性に　いっ

ぱい　献金《けんきん》をさせよう」
　バラバが　ほくそ笑《え》みました。
「いい作戦《さくせん》だ。おれたちが先生を　真《しん》の革命家に　目《め》ざめさせるのだ」
　それぞれの思《おも》いを　胸《むね》に秘《ひ》めた　三人《さんにん》が、たがいを見《み》かわしました。
　客室《きゃくしつ》へ通《とお》されたイエスが　やすんでいるとき、ユダは　シモンの父に　大金《たいきん》をあずけました。
　ユダとシモンが、これは　投資の資金だというと、鼻《はな》さきで笑《わら》い、
「帰《かえ》ってきた放蕩息子《ほうとうむすこ》は、金《かね》ヅルを　連《つ》れてきたのか」
　金のはいった　革袋《かわぶくろ》をゆすりながら　父が　いいました。
「革命は　金になる……か」
　シモンが　激昂《げきこう》しました。
「同胞《どうほう》である人民《じんみん》から、血肉《けつにく》を搾《しぼ》りとっている　あんたに　いわれたくない」

「ふん、手《て》に汗《あせ》して　働《はたら》くことを　おぼえたらどうだ。小理屈《こりくつ》ばかり　こねていないで。このなかから　宿代《やどだい》と食事代《しょくじだい》は　引《ひ》いておくからな」
冷《つめ》たく息子《むすこ》のことばを　うけ流《なが》した父が　「受《う》け取《と》り証文《しょうもん》を　書《か》いておこう」　そういい、奥《おく》に　ひっこみました。

しばらくして　ひとりの女性が　やってきました。
イエスのまえに　ひざまずくまえから　女性は　泣《な》いていました。
涙《なみだ》で　イエスの足《あし》を濡《ぬ》らし、じぶんの長《なが》い黒髪《くろかみ》で　主《しゅ》の足をぬぐいます。足に　ほおずりをし、接吻《せっぷん》し、だきしめ、石膏《せっこう》のつぼの香油《こうゆ》を、イエスのあたまに　そそぎかけました。
馥郁《ふくいく》とした香《かお》りが　部屋《へや》いっぱいに　たちこめるなか、女性のすすり泣きが　途切《とぎ》れることなく　つづいています。
その光景《こうけい》を、もどってきたシモンの父や　奉公人《ほうこうにん》が　冷《ひ》ややかに　見《み》まもっています。

イエスの弟子《でし》たちの多《おお》くも、またか、という顔《かお》つきで　ながめています。

しかしイエスは　女性の　祈《いの》りの声《こえ》を　たしかにききました。

「主《しゅ》よ、わたしを　おゆるしください。わたしは　神《かみ》にも　人《ひと》にも　告白《こくはく》できないほどの、ひどい罪《つみ》を　犯《おか》しました。わたしは　じぶんを憎《にく》みます。じぶんを　恨《うら》みます。だめなんです。神さまに　助けを　もとめられないくらい、だめな人間《にんげん》なんです。絶望《ぜつぼう》と　悔恨《かいこん》だけです。助けてください、ゆるしてください。受《う》け容《い》れてください。どうか　わたしを　見はなさないでください。お救《すく》いください」

「あなたは　神を信じるか、わたしを愛するか」

イエスは　かたひざをつき、女性のあごに　手《て》をあてました。

女性の眸《ひとみ》に湧《わ》く、清《きよ》らかな涙の泉《いずみ》のかたわらに　イエスが静《しず》かに立《た》ち、語《かた》りかけています。

「……信じます。あなたを愛します」

　ところが　女性の　こころの声《こえ》の届《とど》かない　シモンとユダが、それぞれ　言いました。

「先生、この女がだれで、どんなに罪深《つみぶか》いか　おわかりでしょう」

「なんともったいない。こんなに高価《こうか》な香油《こうゆ》ならば、市場《いちば》に行《い》って売《う》れば、いかほどの値《ね》がつくことだろう」

「それだけのお金があれば、もっとたくさんの　困《こま》っているひとを　助けられたにちがいない」

「そのお金を、シモンの父にあずけ、何十倍にもなるよう　投資したらよいのだ。わたしたちの布教活動《ふきょうかつどう》には　資金が　必要《ひつよう》なのだから」

　女性の肩《かた》をそおっとなでたイエスは、目《め》をあげて話《はな》しはじめました。

「シモン」

「先生、なんでしょうか」

「金貸《かねか》しに　金をかりた人が　ふたりいた。ひとりは　五〇〇デナリオン、もうひとり

は　五〇デナリオンかりていた。ところが　返《かえ》すことができなかった。しかし　金貸しは　ふたりともゆるし　借金《しゃっきん》を帳消《ちょうけ》しにした。このふたりのうち、どちらが金貸しに感謝《かんしゃ》し　より深《ふか》く　愛《あい》するだろうか」

「……たくさん　ゆるしてもらったほうだと思《おも》います」

「あなたの判断《はんだん》は　正《ただ》しい」

そういいながら立《た》ち上《あ》がったイエスは、シモン、ユダ、シモンの父、そしてバラバを見ました。

「シモン、この女性をごらんなさい。この家《いえ》に　案内《あんない》してくれたとき、あなたは　足を洗《あら》う水《みず》をくれなかったが、この女性は　わたしの足を　じぶんの涙に濡らし、髪の毛でふいてくれた。この家のものは　ひとりも、わたしに平安の接吻をしてくれなかったが、この女性は　わたしの足に　接吻してやまなかった。この家では　わたしのあたまに香油をそそいでくれなかったが、この女性はわたしのあたまに香油をそそいでくれた。このひとはだれよりも深く　愛してくれたから、その罪が　ゆるされている。すこしだけゆるされたひとは、すこししか愛さない」

　女性の頭《こうべ》に　右手《みぎて》をのせたイエスは、凜然《りんぜん》といいました。

「あなたの罪は　ゆるされた」

　シモンとユダは　視線《しせん》をかわしました。

「罪をゆるすこのひとは、いったい何ものなのか。神を冒瀆《ぼうとく》していないか」

　かれらのこころの非難《ひなん》に　動《どう》ずることなく、イエスは　やさしく励《はげ》ますようにいいました。

「あなたの信仰《しんこう》が　あなたを救《すく》った。安心《あんしん》して　おゆきなさい」


　その瞬間《しゅんかん》、シモンの父《ちち》の表情《ひょうじょう》が　一変《いっぺん》しました。

　なにか　とてつもない壁《かべ》を打《う》ち砕《くだ》いたかのような　衝撃的《しょうげきてき》な表情《ひょうじょう》になりました。

　シモンの父《ちち》は、ユダとシモンの前《まえ》に立《た》つと、書いたばかりの証文を破《やぶ》りすて、ユダに金《かね》の入《はい》った革袋《かわぶくろ》をかえしました。

あわてたシモンが　父を　止《と》めようとします。
「お父さん、やめてください」
「なぜだ」
ユダが　父に向《む》かって、すごみのある　低《ひく》い声でいいました。
父は　浅黒《あさぐろ》い　しわの多《おお》い顔《かお》に　涙をあふれさせ、息子《むすこ》シモン、ユダそして　バラバを見ました。
シモンは　父の変化《へんか》に　衝撃《しょうげき》をうけました。
「おまえたちには　きこえないのか。あの女性の祈《いの》りが。耳《みみ》を閉《と》ざすことなど　できない。できようはずがない」
シモンの父は、哀切《あいせつ》きわまりない　女性の訴願《そがん》の祈りを、神が、イエスが　しっかり受けとめ　女性を愛していることを　知りました。
イエスのひざに　すがりついた父は　声をあげて泣きだしました。
「主よ、わたしを　おゆるしください」

シモン、ユダ　そしてバラバは　茫然《ぼうぜん》と　みていました。

四

「〝人《ひと》の手《て》で造《つく》った神殿《しんでん》を打《う》ち壊《こわ》し、三日後《みっかご》には　人の手にはよらない神殿を建《た》てる〟そう言《い》ったのをききました」

ユダの手引《てび》きによって、オリーブ山《さん》、ゲッセマネの園《その》で拉致《らち》、連行《れんこう》されたイエスは、大祭司《だいさいし》の　広大《こうだい》な邸宅《ていたく》の庭《にわ》に引《ひ》きすえられています。

冒瀆者《ぼうとくしゃ》を殺《ころ》せ、背信者《はいしんしゃ》を殺《ころ》せ、そういう狂気《きょうき》にみちた喧噪《けんそう》のなか、バラバが　そう証《しょう》言《げん》したのです。

「この男《おとこ》の証言を　裏《うら》づけるものはいないいか。おい、そこのおまえ、この男の仲間《なかま》だろう、なぜ証言しないのだ」

大祭司に指《ゆび》さされ、涙声《なみだごえ》で「できない」と　つぶやいたのは　シモンでした。

「だめだ、かんべんしてくれ。先生《せんせい》を　裏切《うらぎ》るなんて　できない」

「おまえ、この期《ご》におよんで　おれを　裏切るのか」

けわしい声《こえ》で　バラバが　つめよりました。

「あの父《ちち》を、金貸《かねか》しの父を　先生は　変《か》えてしまった。まともな人間《にんげん》になったんだ、父は。おれは、おれは……とんでもないことを　してしまった」

大祭司が　目《め》を離《はな》した一瞬《いっしゅん》のすきに、シモンは　泣《な》きながら　逃《に》げていきました。


そばに近《ちか》づいた大祭司は　傲然《ごうぜん》と　イエスに　質問《しつもん》しました。

「あなたは　讃美《さんび》たる神《かみ》の子《こ》、救世主《きゅうせいしゅ》キリストか」

「わたしが　それである。あなたがたは　人《ひと》の子《こ》が　力《ちから》あるお方《かた》の右《みぎ》に座《ざ》し、天《てん》の雲《くも》にのってくるのを見《み》るであろう」

イエスのことばを　耳《みみ》にした大祭司が　絶叫《ぜっきょう》しました。

「きいたか、じぶんを　神の子、救世主である　と宣言《せんげん》したぞ。神を侮辱《ぶじょく》し、冒瀆したのだ。万死《ばんし》にあたいする罪《つみ》だ」

「殺《ころ》せ、殺せ、十字架《じゅうじか》に　釘《てい》せよ」

「総督《そうとく》ピラトのもとへ送《おく》り、ローマ帝国《ていこく》への反逆者《はんぎゃくしゃ》として十字架にかけるのだ」


イエスを取《と》りかこむ　たいへんな人混《ひとご》みのなか、バラバの頭巾《ずきん》がずり落《お》ちました。

それをみた　ひとりの女《おんな》が「あいつは殺人者《さつじんしゃ》だ」と　叫《さけ》びました。

「あの男《おとこ》は、留守番《るすばん》していた　わたしの子《こ》どもを　殺した。そのとき子どもが抵抗して
おでこに傷《きず》をつけた。二度《にど》と消《き》えない傷を」

バラバは　必死《ひっし》に申《もう》し立《た》てる　灰色《はいいろ》の髪《かみ》の女《おんな》の勢《いきお》いにひるみ、あとじさりすると、逃げだしました。

しかしあっという間《ま》に、バラバは、取《と》り押《お》さえられ、大祭司のもとへ連行《れんこう》されました。

「その額《ひたい》の傷をみた女が、おまえを殺人者《さつじんしゃ》だと指弾《しだん》している。おまえの名《な》はなんという」

「……バラバ」

「バラバ……か」

「指名手配《しめいてはい》されているのか」

　バラバが　うなずきます。

「容疑《ようぎ》は　強盗殺人《ごうとうさつじん》か」

　蒼白《そうはく》の　バラバの横《よこ》がおに　恐怖《きょうふ》の戦慄《せんりつ》がはしりました。

「……死《し》にたくは　ない　のだろう」

「おれは、おれは……」

　大祭司が　きつねのように目《め》を細《ほそ》め、ずるい笑《え》みを浮《う》かべました。

「さっき　神殿の話を　証言してくれたな。イエスに恨《うら》みでもあるのか」

「……おれは　偽善者《ぎぜんしゃ》が　大《だい》きらいなだけだ」

「わかった……おまえを　助《たす》けてやろう」

　バラバは　おどろきました。

「イエスの代《か》わりに　生《い》きるのだ。殺人者ではなく、英雄《えいゆう》として生《い》かしてやろう」

ふくみ笑《わら》いをもらした大祭司が　満足《まんぞく》げにうなずいたところへ、ユダがやってきました。青黒《あおぐろ》く　げっそりした表情《ひょうじょう》です。

大祭司は、銀貨《ぎんか》三〇枚《まい》の入《はい》った革袋《かわぶくろ》を　ユダに投《な》げあたえました。

「よくやった。約束《やくそく》の褒美《ほうび》だ」

「わたしは　罪なきひとを　死に　わたしてしまいました。神を　殺したのです」

「バカを言《い》うな。わがユダヤ教《きょう》、教理《きょうり》の神髄《しんずい》を守《まも》った……最大《さいだい》の……功労者《こうろうしゃ》が　おまえだ」

裏切りを依頼《いらい》した　相手《あいて》の名前《なまえ》を　うっかり忘《わす》れている大祭司は、声をつまらせ、ようやく〝功労者《こうろうしゃ》〟という名《めい》ゼリフを　名前の代わりに言《い》えました。

大祭司は　ユダへ、去《さ》れ、と手をふり、バラバに「いっしょにこい」と命《めい》じました。ユダは　革袋を手にしたまま、底《そこ》なしの沼《ぬま》のような目を、バラバに向《む》けました。生《う》まれて初《はじ》めて、生《い》きながらの死人《しびと》に　出会《であ》ったバラバは、恐怖《きょうふ》に　身《み》をすくませました。

五

「バラバをゆるせ」

「釈放《しゃくほう》するのは　バラバだ」

　バラバ、バラバ、バラバ、を連呼《れんこ》する群衆《ぐんしゅう》が、総督《そうとく》ピラトを　威圧《いあつ》しています。

過越《すぎこし》の祭《まつり》のとき、慣例《かんれい》によって死刑囚《しけいしゅう》をひとり、赦免《しゃめん》することになっていました。

大祭司《だいさいし》の配下《はいか》のものが　群衆《ぐんしゅう》にまぎれこみ、「バラバこそ　革命《かくめい》の英雄《えいゆう》」と吹《ふ》きこみ
煽動《せんどう》したのです。

「おい、ローマの役人《やくにん》が、殺人《さつじん》の濡《ぬ》れ衣《ぎぬ》を　バラバにきせたそうだ」

「ユダヤの解放者《かいほうしゃ》、革命《かくめい》の英雄《えいゆう》だそうな」

「あいつが殺《ころ》したのはユダヤの同胞《どうほう》ではない、ローマの徴税官《ちょうぜいかん》だ」

「その徴税官は　悪徳《あくとく》で有名《ゆうめい》だったそうだ」

「バラバは　強盗殺人犯《ごうとうさつじんはん》ではない、冤罪《えんざい》だ」

「あのひたいの傷《きず》こそ、救国《きゅうこく》の英雄のあかしだ」

　ささやかれたウワサ話《ばなし》は、あっという間《ま》に広《ひろ》まりました。

　総督《そうとく》ピラトは、イエスに罪《つみ》のないことを知っていました。なんとかゆるしたいと思《おも》っていたところへ　ピラトの妻《つま》の　伝言《でんごん》がとどきました。

「あの正《ただ》しいひとに　かかわらないでください。昨夜《さくや》、夢《ゆめ》を見、わたしは　苦《くる》しみました。助《たす》けてあげてください」

　妻のねがいをかなえ、罪なきひとをゆるすための糸口《いとぐち》を　ピラトは　さぐろうとしました。

「ふたりのうち　どちらを釈放すべきか。凶悪犯《きょうあくはん》のバラバか　宗教者《しゅうきょうしゃ》のイエスか」

「バラバだ」

　真《ま》っ黒《くろ》な大津波《おおつなみ》のように　群衆《ぐんしゅう》が　さけびつづけます。

「バラバだ。イエスを助《たす》けるならば、ピラト、おまえは　ローマ皇帝《こうてい》の　忠実《ちゅうじつ》な家臣《かしん》ではない。ローマの反逆者《はんぎゃくしゃ》に　味方《みかた》するからだ」

総督ピラトは　群衆《ぐんしゅう》の圧力《あつりょく》に　抗《こう》しきれず、イエスを　十字架《じゅうじか》にかけるため、人《ひと》びとへ渡《わた》しました。

ひとを救《すく》いつづけたイエスは、「ユダヤ人《じん》の王《おう》」を自称《じしょう》する、ローマ帝国《ていこく》への反逆者として　十字架へ、かたや　ひとを救ったこともなく　革命の志《こころざし》のないバラバが、「救国の英雄」として特赦《とくしゃ》の対象《たいしょう》となりました。

六

不思議《ふしぎ》なことに　イエスが、ゴルゴダの丘《おか》へ　十字架《じゅうじか》の道行《みちゆ》きをたどるまえ、空白《くうはく》の時間《じかん》が訪《おとず》れました。

バラバが　イエスのもとへ　行《い》けたのです。

いばらの冠《かんむり》をかぶせられ、からだじゅう傷《きず》だらけ、血《ち》と汗《あせ》にまみれているイエスが、
地面《じめん》に　横《よこ》たわっていました。

バラバは　同情《どうじょう》を感《かん》じ、痛《いた》ましそうに　いいました。

「先生《せんせい》、かわいそうにな。おれは助《たす》かり、あんたは十字架刑《じゅうじかけい》だ」

上半身《じょうはんしん》をすこし起《お》こしたイエスは、地《ち》に両《りょう》ひじをつけたまま、バラバを見《み》ました。

静謐《せいひつ》で、穏《おだ》やかな眼《まな》ざしです。

「そんな目《め》で　おれを見るな、先生。あんたの仲間《なかま》になったおかげで、おまんまにありつけ、おまけに恩赦《おんしゃ》まで受《う》けられた。助《たす》かったよ」

イエスは　静寂《せいじゃく》のままです。

「天使《てんし》、救《すく》い、あがない、ゆるし、信《しん》じ　愛《あい》する。お笑《わら》いぐさだ」

イエスの眸《ひとみ》に、群青色《ぐんじょういろ》の空《そら》が　うつっています。

無実《むじつ》のひとを　十字架《じゅうじか》にかけようとする興奮《こうふん》に　酔《よ》っている人《ひと》びとの　空虚《くうきょ》な会話《かいわ》と
笑《わら》い声《ごえ》、騒擾《そうじょう》が、イエスの沈黙《ちんもく》の海《うみ》に　すこしずつ吸《す》われていきました。

みずからの　心臓《しんぞう》の　鼓動《こどう》と血流《けつりゅう》、脈動《みゃくどう》が、だんだん　じぶんを責《せ》めてくるような錯《さっ》覚《かく》にとらわれ、バラバは　おかしくなりそうでした。

「あんたはいつもそうだ。どんなに責《せ》められ、侮辱《ぶじょく》され、ひどいことをいわれても言《い》いわけ　ひとつしない。弁明《べんめい》も　自己弁護《じこべんご》もしない」

知《し》らずにバラバが　怒《いか》りのこもった　烈《はげ》しい口調《くちょう》でいいました。

「なにを信《しん》じてるんだ。どうしてそんなに　信じていられるんだ」

苦《くる》しそうに息《いき》をつき、上半身《じょうはんしん》をおこしたイエスは、バラバを手《て》まねきしました。

あたりのざわめきが消《き》え、わかくさ色《いろ》の風《かぜ》が　肌膚《きふ》をふるわせます。

「なんでだ、なんで　……ゆるせるんだ」

イエスのところへ　バラバは　行《い》きたくありません。

怖《こわ》いのです。

暴力《ぼうりょく》とかではありません、でも……こわいのです。

バラバは、知《し》らぬ間《ま》にひざまずき、ひざをつかって、イエスに、にじり寄《よ》ります。

イエスは、土《つち》ぼこりにまみれた両《りょう》うでを伸《の》ばし、バラバのほほを　いとおしそうに
手《て》のひらに　つつみました。
「あなたの罪《つみ》は　ゆるされた」
心身《しんしん》に感電《かんでん》した　イエスのことばが、バラバのなにかを破断《はだん》し、解放《かいほう》しました。
涙《なみだ》がこぼれ、バラバの嗚咽《おえつ》が　とまりません。
イエスの右手《みぎて》が、はかなく落《お》ちそうな花《はな》びらに　ふれるかのように、優《やさ》しくそおっと、
バラバの額《ひたい》の傷《きず》をなぞります。
バラバの傷は　十字《じゅうじ》の形《かたち》をしていました。
その十字の傷に　イエスが接吻《せっぷん》し、祝福《しゅくふく》しました。
「怖《おそ》れることはない。安然《あんぜん》として　生《い》きなさい」
バラバは　思《おも》わず　イエスを　抱《だ》きしめました。
いばらの冠の　太《ふと》いとげが、ひたいにある十字の傷に　刺《さ》さりました。
したたる血《ち》に　涙が　まじりました。

「おゆるしください」

　イエスのこころの声《こえ》が　バラバのこころに　とどきます。

「神《かみ》を信じますか。わたしを愛《あい》しますか」

　おなじことばを　バラバが　くり返します。

「おゆるしください」

　バラバは兵士《へいし》に　引《ひ》き離《はな》されるまで、イエスを抱《だ》いて　祈《いの》りました。

　兵士に連行《れんこう》されていくイエスの、ぼろぼろになった　うしろ姿《すがた》を見つめながら　バラバは　つぶやきつづけました。

「信じます。あなたを愛します」

　そう言いながら　……

　生《う》まれて初《はじ》めてバラバは、ゆるされて生きたい、生き直《なお》したい、そう希《ねが》いました。

わたしが十字架になります

運命《うんめい》のときが　きます。
イエスの　受難《じゅなん》、十字架《じゅうじか》にかけられるときが　せまりつつありました。
神《かみ》の庭《にわ》　エデンの園《その》に　おりたった天使《てんし》が　たくさんの木《き》を　よびあつめました。

一

するどいトゲをもった　木《き》が　つらそうに　いいました。
「枝《えだ》にある　トゲを編《あ》んで　いばらの冠《かんむり》を　こしらえなくてはならないのですか」
天使《てんし》が　うなずきました。
「あのお尊《とうと》いお方《かた》、イエスの　あたまを突《つ》き刺《さ》し　血《ち》をながす……わたしには　とてもできません」
天使が　こたえました。
「救《すく》い主《ぬし》のこころに　こたえてください」

「こころ　とは……」
「ひとのいたみ　かなしみ　絶望《ぜつぼう》を　イエスは　体験《たいけん》なさいます。救いをもとめる
すべての人を助《たす》け　いやし　あがなうため　イエスは、いばらの冠を　かぶらねばなり
ません」
「神の子のこころは、あらゆるひとを　救うことにあるのですね」
天使は　ふかく　うなずきました。
木《き》は　涙《なみだ》ぐみ「わかりました」と　こたえました。
トゲのある木、パリウルスは、こののち「キリストのいばら」と　よばれるように
なりました。

二

天使《てんし》が　ひとつのつぼを　もってきたとき、あらわれたのは、オリーブとばらの木《き》で

した。

ふたつの木は、天使に　たずねました。

「わたしたちの　仕事《しごと》は　なんでしょうか」

「十字架《じゅうじか》にかけられたあと、墓《はか》に葬《ほうむ》られた　イエスのおからだにぬる　香油《こうゆ》を準備《じゅんび》するのです」

オリーブとばらの木で　つくられる香油は、女性《じょせい》のたしなみとか　マッサージオイルに　またときには　王《おう》や　預言者《よげんしゃ》にそそがれる　祝福《しゅくふく》の膏《あぶら》として　もちいられてきました。

ふたつの木は、生《い》きているひとの　役《やく》にたちたかったのです。

でも　きょうは　ちがいます。愛《あい》する救《すく》い主《ぬし》　イエスの永眠後《えいみんご》　おからだを清《きよ》めるために　つかわれるのです。

こんなにさみしく、なやましい仕事はありません。

天使は　いいました。

「あなたたちの仕事は　きっと　未来《みらい》へ　つながります。洗礼《せんれい》のとき　神《かみ》の救《すく》いをもとめるひとに　ぬられたり、重《おも》い病《やまい》をいやす　聖傅《せいふ》の膏《あぶら》になります。あなたたちの　聖なる仕事は　主《しゅ》の十字架から　はじまります」

オリーブとばらの木は　とおい目《め》をして　理解《りかい》しました。

三

「やはり　わたしが　十字架《じゅうじか》になりましょう」

乳香《にゅうこう》の木《き》は、なつかしそうに　語《かた》ります。

「救《すく》い主《ぬし》イエスのお生《う》まれになったとき、わたしは　あまく　かぐわしい　最高《さいこう》の樹液《じゅえき》を　プレゼントしました。イエスの祈《いの》られるとき　いつも　おそばをただよい、うれしいとき　かなしいとき　ずっと　いっしょでした。わたしの一生《いっしょう》は　イエスとともにあります。炭火《すみび》に燻《くん》ぜられ　香《かお》らせるのが　聖務《せいむ》です。なんの怖《おそ》れや　ためらいがありましょうか」
　天使は　おおきくうなずきながら、さとすようにいいました。
「あなたには　埋葬《まいそう》のとき　香《こう》をかおらせるだけでなく、オリーブとばらを手伝《てつだ》って
イエスのおからだにぬる　香油《こうゆ》をつくるという　だいじな仕事《しごと》があります」
「わたしが　埋葬のときの　香油に……」
「そうです」
　乳香の木は　うれしそうにわらったあと　かおをゆがめ　涙《なみだ》しました。
　涙は　天使の手《て》のひらに　こぼれ落《お》ち、陽《ひ》の光《ひかり》にあたり　ダイアモンドのように
きらきらかがやく　うすもも色《いろ》の　乳香のつぶになりました。そして　光につつまれ
天へとのぼる　かおりの彩雲《さいうん》になりました。
　天使は　いいました。
「あなたは　神《かみ》の民《たみ》が祈《いの》るとき　かならず　そこにいます。主《しゅ》の復活《ふっかつ》の証人《しょうにん》ですから」

四

つぎに　声《こえ》をかけられたのは　亜麻《あま》という　一年草《いちねんそう》です。
おおきな木のならぶなか　亜麻は　繊細《せんさい》で　弱《よわ》よわしげです。
天使《てんし》は　いいました。
「十字架《じゅうじか》にかけられたあと、イエスをつつむ　埋葬布《まいそうぬの》をおねがいします」
亜麻は　ほろほろ　泣《な》いてしまいました。
同情《どうじょう》した天使が、ささえるように　ほほ笑《え》みました。
「継《つ》ぎ目《め》も　縫《ぬ》い目も　ほころびもない　一枚布《いちまいぬの》の　織物《おりもの》です」
どういうことかと　亜麻は　目で問《と》いました。
「神《かみ》とひととが　一体《いったい》となる　証《あかし》です。ひとの生《せい》が　終《お》わるものではなく、神に救《すく》われ、
永遠《えいえん》の生命《いのち》をえることを　あなたが　亜麻織物《あまおりもの》で　しめすのです」

「わたしは　無限《むげん》の生命のしるし　として生きるのですか」

「あなたも　主《しゅ》の復活《ふっかつ》の証人《しょうにん》です。アダムとエバが　着《き》ることのできなかった神の服《ふく》を、イエスとともに織《お》り直《なお》し、復活《ふっかつ》の服を　恵《めぐ》むのです」

亜麻は　ふかく理解《りかい》し　切《せつ》ないことばを　つむぎました。

「わかりました。こころをつくして　イエスの使命《しめい》を　生《い》かしましょう」

五

おずおずと　名《な》のりをあげたのは、ぶどうの木《き》です。
「最後《さいご》の晩餐《ばんさん》のとき、ぶどう酒《しゅ》となった　わたしを　イエスが　飲《の》みました。そのかなしさ　むなしさに　耐《た》えられません。わたしを　十字架《じゅうじか》に　してください。わたしの仕《し》事《ごと》は　あの晩《ばん》　終《お》わりました」
天使は　こたえました。

「あなたには、まだ　仕事があります」

　ぶどうの木が　がんこに　言《い》いはります。

「わたしは　受難《じゅなん》を　知《し》りました。このまま　生《い》きているのが　つらいのです。終わりにさせてください」

「……だとしたら、あなたは　なにも　わかっていません」

　熟《じゅく》したぶどうの房《ふさ》をささげもった　天使が　天をあおぎました。

「父《ちち》なる神《かみ》よ、どうか　ぶどうの木を　祝福《しゅくふく》なさってください」

　神《かみ》の光《ひかり》が　ぶどうの木を　照《て》らしました。

「思《おも》いかえして　ごらんなさい。イエスは　いつも　どうされましたか」

　祝福の光のなか　ぶどうの木は　ゆっくり　目《め》をとじ　回想《かいそう》しました。

「パンとぶどう酒の祈《いの》りのとき　イエスは、ぶどう酒を　満《み》たした　聖杯《せいはい》に両手《りょうて》をそえ、信《しん》と愛《あい》とをもって　近《ちか》づき　きたれ、と祈ったあと、ひとりひとりに　のませました。最後の晩餐のときも　おなじでした」

　ぶどうの木のかおが　上気《じょうき》しました。

「イエスの手の温《ぬく》もりが　聖杯からわたしに　ほのかに　つたわります。イエスの温熱《おんねつ》が　わたしをあたため　しあわせ　思《おも》いやり　いやし　そして　救《すく》いを……」

　ぶどうの木が　涙《なみだ》をうかべ　うれしそうに　いいました。

「生《い》きなさい、わたしといっしょに　生きなさい……イエスは　わたしに　そう　つたえました。その温《あたた》かさを　わすれられません」

　天使は、ぶどうの木に　やさしく　はなしかけました。

「最後　ではなく、救いの　はじまり　です。あなたを　みなに飲んでもらうことでイエスのほんとうのこころが　つたわる、そうは思いませんか」

「さいご　ではなく　はじまりの杯《さかずき》」

　ぶどうの房が　ぶどうの木に　手わたされたとき、ぶどうの木の　ながしていた涙がルビー色の　黒真珠《くろしんじゅ》のような　光沢《こうたく》をはなち　ひとつ　またひとつ　天使の手のひらにこぼれました。

六

ぶどうの木《き》と　はなし終《お》えた天使《てんし》は、ほかの木を　みわたしました。

「十字架《じゅうじか》となる木、イエスのために　身《み》をささげる木は　いませんか」

亜麻《あま》とおなじ　一年草《いちねんそう》の麦《むぎ》は、おずおずと　天使に　たずねました。

「身《み》を粉《こ》にして　パンをつくるしか　能《のう》のない　わたしが質問《しつもん》するのは　いかにも、なんですが……」

天使が　麦に　話《はなし》のつづきを　うながしました。

「十字架刑《じゅうじかけい》のあと、十字架になった木は　どうなるのでしょうか」

天使は　こたえました。

「火《ひ》に焼《や》かれ、灰《はい》となるでしょう」

こそこそ　おしゃべりをしていた木は、いっせいに　沈黙《ちんもく》しました。

「処刑《しょけい》に　つかわれた木ですから」

「つまり　イエスとごいっしょに　死ぬと……」

冷《つめ》たい木枯《こが》らしにでも　吹《ふ》かれたかのように　麦は　身ぶるいしました。

このあと　天使は、ほかの木の言《い》い訳《わけ》を　さんざん　耳にします。

糸杉《いとすぎ》「コウノトリが　巣《す》を　かけており、赤《あか》ちゃんが　誕生《たんじょう》します　無理《むり》です」

松《まつ》「ふしぶしが　くねくね　曲《ま》がっていて　十字架に　適《てき》してません」

やなぎ「捕囚《ほしゅう》の嘆《なげ》きの歌《うた》、バビロンの川辺《かわべ》に座《ざ》した虜囚《りょしゅう》の民《たみ》が、竪琴《たてごと》をわたしの枝《えだ》にかけたという詩《し》に　とりあげていただいた　名誉《めいよ》だけで　十分《じゅうぶん》です」（詩編《しへん》一三七、聖詠《せいえい》一三六）

いちじく「ザアカイがのぼったり、イエスのたとえ話《ばなし》につかっていただき　感謝《かんしゃ》でいっぱいなので……」

かし、けやき、もみの木、かえで、くるみ、アーモンド、りんご、すもも、あんず、ざくろ、すずかけの木などの、いろいろな言い訳をきいた　天使は、苦笑《くしょう》し　あきれました。

七

そのとき、一本《いっぽん》の木《き》が、ひっそり　すすみでました。

「わたしが　十字架《じゅうじか》に　なります」

天使《てんし》は　目《め》を　みはりました。

「わたしは日《ひ》ごろから　炭《すみ》として、ひとのお役《やく》にたっています。焼《や》かれるのに　なれています」

うばめがしは、ひとなつっこい笑《え》みをうかべ、すこし照《て》れています。

天使は　涙《なみだ》が　こぼれそうになりました。

が、つぎの瞬間《しゅんかん》、手《て》にしていた剣《けん》から　鮮烈《せんれつ》な赤《あか》い炎《ほのお》が　ふきだし、木《き》や草《くさ》の枝葉《えだは》に、火《ひ》の粉《こ》が　ふりかかりました。

草木《くさき》は　いっせいに　悲鳴《ひめい》を　あげました。

「神《かみ》の庭《にわ》において、これほど　恵《めぐ》みをうけていながら、あなたたちは、全世界《ぜんせかい》を救《すく》うため、わが身《み》を　犠牲《ぎせい》とされる　神の子《こ》を、見殺《みごろ》しにしようとした。恩《おん》を知《し》らぬものは　みな、焼かれてしまえ。神の庭に　生《い》きるにふさわしいのは　うばめがしです」

天をこがすほど　ふきあがった剣の炎が、言《い》い訳《わけ》ばかりする木を　焼きつくそうとした　そのときです。

うばめがしが、炎のまえに身《み》を投《な》げだし、天使に　懇願《こんがん》しました。

「神よ、かれらは　なにをしているのか、わからなかったのです。どうか、おゆるしください」

天使は　炎の剣をかざしたまま、思《おも》わず　天をあおぎました。

すると　神の声《こえ》が　きこえてきました。

「うばめがしよ、あなたは　わたしの　至愛《しあい》の子《こ》です」

ひれふした木が、思い思い　ぱらぱら　目《め》をあげると、剣は　鞘《さや》におさまっていまし

た。

「神は　うばめがしの心根《こころね》を愛され、あなたたちをゆるす、とおっしゃっている」

天使は　うばめがしに　いいました。

「イエスとともに生《い》き、その身《み》をつくすのです」

うばめがしは、十字架の木となり、イエスの　いたみ　かなしみ　嘆《なげ》き　苦《くる》しみ　孤《こ》独《どく》、そして　希望《きぼう》　不屈《ふくつ》　勇気《ゆうき》　復活《ふっかつ》を知《し》りました。

楽園《らくえん》の　いちばん陽《ひ》あたりのよい土地《とち》に　植《う》えられ、善悪《ぜんあく》を知《し》る木《き》　生命《いのち》の木となび　十字架の木として　神の庭に　うばめがしは　記憶《きおく》されるようになりました。

天の聖人《せいじん》らは　イエスとともに　うばめがしの木かげに　つどいます。

神は　いまも　何時《いつ》も　世々《よよ》に、うばめがしの献身《けんしん》を　こよなく愛されているのです。

ヴェロニカ

一

ひとりの女性《じょせい》が　イエスの　あとを　そっと　つけていました。
海辺《うみべ》の　潮《しお》の満《み》ちひきにゆれる　波《なみ》と砂《すな》のざわめきのような、人《ひと》びとの　口《くち》ぐちにさけぶことばが、通《とお》りに　あふれています。
「先生《せんせい》、うちにきて　お話《はな》しください」
「今夜《こんや》、泊《と》まっていただけませんか」
「たとえ話《ばなし》を　おきかせください」
弟子《でし》たちが、群衆《ぐんしゅう》を　おしのけていますが、とうとう　おしくらまんじゅう状態《じょうたい》となり、一歩《いっぽ》も　すすめなくなりました。
その様子《ようす》を　女性は　じっと　みつめていました。
女性には　病気《びょうき》がありました。思春期《ししゅんき》のはじまる少女《しょうじょ》のころ、出血《しゅっけつ》のとまらない女性特有《じょせいとくゆう》の病気にかかりました。

両親《りょうしん》も　祖父母《そふぼ》も　兄弟姉妹《きょうだいしまい》も、こころから心配《しんぱい》し、この病気を治《なお》したいと　ねがいました。

評判《ひょうばん》の医者《いしゃ》にかかったり、良薬《りょうやく》の話《はなし》をきけば、どんなに高価《こうか》でも手《て》に入《い》れ、あらゆる民間療法《みんかんりょうほう》を　ためしました。

そのため　家《いえ》は　どんどん　まずしくなりました。兄弟姉妹は、家《いえ》をでて職《しょく》につき
祖父母は、心労《しんろう》のため　相《あい》ついで　永眠《えいみん》しました。

えたいの知《し》れない病気にかかった女性を、

「けがれた女《おんな》」

とよぶ　村《むら》びとがいました。

「先祖《せんぞ》が罪《つみ》をおかしたむくいで、病気になった」

「けがれた家」

そう　かげ口《ぐち》をいい、さげすむひともいました。

女性は　こころの底《そこ》から　神《かみ》に祈《いの》ります。
「わたしのためではなく　家族《かぞく》のため、どうか　神さま　この病気を　いやしてくださ
い」
ときおり下腹部《かふくぶ》をおそう　はげしい痛《いた》みのためか、女性は　背《せ》をまるめ　かがんで
あるくようになりました。やつれた面《おも》ざしからは　とても二十五歳《にじゅうごさい》の妙齢《みょうれい》の女性に
みえません。
よたよた　あるきながら　女性は　そっと　イエスに　ちかよりました。
こころのなかで　「もうあきらめた」と　いいながら、それでも　ひとすじの　ほつ
れた絹糸《きぬいと》のような希望《きぼう》に　すがっています。
「わたしのため　だけではありません。みんなのために　治してください」
一歩《いっぽ》、あと一歩で　イエスに　手《て》がとどきます。
マントのように　おおきくてひろい、修道士《しゅうどうし》の頭巾《ずきん》のような、イエスが　かぶってい
る　青紫《あおむらさき》のヴェールに　さわることができます。

でも　その距離《きょり》の　なんと　とおいこと。

「わたしのような　けがれた女が　さわったら　お弟子さんが　怒《おこ》るのでは……。いいえ　あの　やさしそうにみえる　先生も　きっと　激怒《げきど》なさるにちがいない」

そう思った女性は　のばした手を　もどしかけました。

そのときです。

女性のうしろから、ひとの一群《いちぐん》が　せまってきました。おされた女性の右手の　ほそく節《ふし》くれだった　やせた指《ゆび》が、あのヴェールに　ほんのすこし　ふれてしまいました。

電流《でんりゅう》のような衝撃《しょうげき》が、体内《たいない》をかけめぐったことに、女性は　戦慄《おののき》ました。ふれてしまった指を　両手《りょうて》のひらにくるむと　あとずさりし、ひとごみのなかに　かくれました。

「だれかが　さわった」

イエスが　靱《つよ》い口調《くちょう》で　いいました。

「だれかが　わたしに　さわった」

おどろいた弟子たちが、口《くち》ぐちに　とりなしました。
「先生、こんなに　おおぜいのひとが　ひしめいています。先生に　さわろうと　手をのばしています。だれかが　先生を　つよく　押《お》したのではありませんか」
「そうではない。力《ちから》が　でていくのを　感《かん》じたのだ」
凛《りん》とした態度《たいど》で　ゆっくり　あたりを　みまわしました。
イエスは　ある一点《いってん》を見《み》つめました。とおくまで　射《い》ぬくような、浸透力《しんとうりょく》のある眸《ひとみ》でした。
からだのおおきな中年《ちゅうねん》の男性《だんせい》は、じぶんが　見《み》られているのかと　思《おも》いました。でも、ちがいます。
イエスは　その男性の　むこう、うしろを　みつめています。
気《き》づいた男性が　ゆっくり　身《み》を　ひるがえしました。
うしろには　粗末《そまつ》な身《み》なりの　女性が　両手で　顔《かお》をおおい　ふるえていました。
女性は　イエスの視線《しせん》から　逃《のが》れられないことを知《し》り、半歩《はんぽ》まえに　すすみでました。

「……さわったのは　わたしです」
近《ちか》づいたイエスは　ふるえる女性の両手を　そっと　手でつつみました。温《あたた》かくなんともいえない安《やす》らぎをおぼえる　イエスの手でした。
おずおず　顔をあげた女性は　待《ま》っていたイエスの眸《ひとみ》に　うけいれられました。イエスのすがたが　涙にかすみます。
「むすめよ、あなたはいやされた。安心《あんしん》して　お帰《かえ》りなさい」
いいながら　右手を頭《こうべ》にのせ、イエスは　祝福《しゅくふく》しました。
女性を　見知《みし》っていた　だれかが、
「奇蹟《きせき》だ、女《おんな》がいやされた」
絶叫《ぜっきょう》しました。
歓声《かんせい》をあげる　群衆《ぐんしゅう》の喧噪《けんそう》に　のみこまれ、イエスは　弟子たちといっしょに　通りのむこうへ　すすんでいきました。
女性は　涙《なみだ》に濡《ぬ》れたまま　その場《ば》に立《た》ちすくみ、イエスの　去《さ》りゆくすがたを　ゆっ

くり背をのばし　眼《め》で追《お》いかけていました。

二

病気《びょうき》のいやしは　女性《じょせい》と　両親《りょうしん》に　一縷《いちる》の希望《きぼう》の灯《ひ》を　ともしました。しかし　まずしい生活は　すぐには　改善《かいぜん》されません。
女性の　いやしを　信《しん》じず　こころない悪口《わるくち》をいうひとも　まだいました。
ある日《ひ》、ひとりの男性《だんせい》があらわれました。
歳《とし》のころは、三〇《さんじゅう》くらい。エルサレムの　富裕層《ふゆうそう》がくらす地域《ちいき》　エルサレム神殿《しんでん》にほどちかいところに家《いえ》をもつ　自称《じしょう》　小間物商《こまものしょう》の　男《おとこ》でした。
生《う》まれて初《はじ》めて　男性に　やさしいことばをかけられた女性は　あまりにもかんたんに　信《しん》じました。
男は　イエスの奇蹟《きせき》を信じているとかたり、結婚適齢期《けっこんてきれいき》をすぎている　女性を　お嫁《よめ》

さんにしたいと　いったのです。
女性は　うれしくなりました。いやしの人　イエスを信じる男が、じぶんに　もっともふさわしい相手《あいて》　お婿《むこ》さんだと　信じたのです。

オリーブ山《やま》のゆるやかな稜線《りょうせん》が　瑪瑙色《めのういろ》の夕映《ゆうば》えに　染《そ》まるころ、女性は　男のさそいをうけ　その家を　訪問《ほうもん》しました。
男は　女性を「家族《かぞく》に紹介《しょうかい》するので、晩餐《ばんさん》をいっしょに」と　さそってくれたのです。
せいいっぱいの　おしゃれをした女性は、約束《やくそく》した時間《じかん》に　男の家を訪問しました。
おそい時間でしたが　女性は　うたがいません。男は　女性の手《て》をとると　にっこり笑《わら》い　家のなかへ　案内《あんない》しました。

ちょうどそのころ、イエスは　オリーブ山で　ひとり　祈《いの》りをささげていました。
うす墨《ずみ》をながすかのように、夜《よる》の闇《やみ》が　じわじわ　ひろがっていきました。

ほたる石《いし》のようなきらめく星《ほし》の光《ひかり》が　オリーブの　古木《こぼく》の葉《は》から　にじみしたたり
山径《やまみち》を　照《て》らしています。
祈りおわったイエスは、その道《みち》を　なれた足《あし》どりで　あるいてゆきます。
エルサレム神殿《しんでん》の　ちいさな広場《ひろば》に　数人《すうにん》の弟子《でし》と　信仰熱心《しんこうねっしん》なひとたちが、イエスの話《はなし》をきくため、あつまっていました。
かれらは　イエスのすがたをみて　安堵《あんど》の吐息《といき》をもらしました。
イエスは　かれらの話をきいています。かれらが「先生《せんせい》」と　質問《しつもん》をすると　こたえますが、いつのまにか　イエスは　石畳《いしだたみ》のはじにある地面《じめん》に　木《き》の枝《えだ》で　文字《もじ》を書《か》いていました。
ひと晩中《ばんじゅう》、祈るひとが　訪《おとず》れる神殿は、まさに　不夜城《ふやじょう》です。

そこへ　男たちの怒声《どせい》が　ひびいてきました。
ひとりの　女性を　両《りょう》わきから　力《ちから》まかせに　かかえこみ、無理《むり》やり　ひっぱってきて、ちいさな広場に、投げこみました。

　女性は　はだかでした。

　ちぢこまり　うなだれている女性は、病《や》みあがりなのか、あばら骨《ぼね》も背骨《せぼね》も　うきだしており、青《あお》い血管《けっかん》の透《す》けてみえる　白《しろ》い肌《はだ》が痛《いた》いたしく、あわれでした。

　男たちは　意気揚々《いきようよう》と立《た》ちはだかり、地面に文字を書いているイエスと　泣いている女性を　見下《みお》ろします。

「イエスよ。この女《おんな》を　いやしたそうだな」

「どうせ　ペテン師《し》か　いかさま師だろう。女も　最初《さいしょ》から病気《びょうき》じゃなかったんじゃないのか」

「みよ、この女は　ふしだらな　不義《ふぎ》の女だ」

「モーセの律法《りっぽう》では、姦通《かんつう》の女は、石打《いしうち》の刑《けい》だ」

　男たちは　下男《げなん》が運《はこ》んできた　畚《もっこ》から　両手《りょうて》でつかまないと　持《も》ちあげられないような　重《おも》たい大石《おおいし》を　ばらばら　ころがしました。

ひとつの石《いし》が　イエスのまえに　錘《おもり》のようにとまりました。
イエスは　立ちあがり　女性のそばに　あゆみよりました。

三

女性《じょせい》は、手《て》をつないだ男《おとこ》に　中庭《なかにわ》へと　案内《あんない》されました。
女性の　うきうきした気分《きぶん》は　そこまででした。
手をはなした男が　あごを　しゃくると　庭にひそんでいた男たちが　女性におそいかかり　着《き》ていた服《ふく》を　一枚のこらず　とりさりました。
はぎとっているのは　女性の服ではなく、じぶんたちの愛《あい》のこころを　ひきはがしていることに　だれひとり　気づきません。
女性は、ひざをだいて　うずくまり　あまりの恐怖《きょうふ》にふるえ　涙《なみだ》があふれました。
「けがれた女《おんな》よ、おまえなんぞに　結婚《けっこん》を　申《もう》しこむわけがない」

男が　へびの猛毒《もうどく》のようなことばを　ぶつけます。
「うそつき男、イエスとかいう偽教師《にせきょうし》、偽善者《ぎぜんしゃ》の仮面《かめん》を　ひっぺがしてやるのだ」
男の合図《あいず》で　黄色《きいろ》い炎《ほのお》のたいまつを　手にした男たちが　先導《せんどう》します。そのあとを
屈強《くっきょう》なふたりの男が　女性を　かかえあげ　ひきずっていきます。さらにあとから、
おおきな石《いし》をいれた畚《もっこ》をかついだ　下男《げなん》四人《よにん》が　もたもた　ついていきました。

あの日《ひ》　じぶんをいやしてくれた　大好《だいす》きな先生《せんせい》が　そばに　いることが　女性には
たまらなく　悲《かな》しいことでした。
孤独《こどく》な　女性は、こころの底《そこ》から、
「神《かみ》さま　おたすけください」
広場《ひろば》の　冷《つめ》たい石畳《いしだたみ》のうえで　訴《うった》えました。
その声《こえ》なき声《こえ》を　ききとったイエスは　静《しず》かに　あたりをみました。
さっきまで　教《おし》えをこうていた信仰者《しんこうしゃ》たちは　凍《こお》ったまま　みじろぎしません。

傲岸《ごうがん》な笑《え》みをうかべた男たちは、どこかで　みたことがあります。

問答《もんどう》で　イエスにやりこめられた　律法学者《りっぽうがくしゃ》やファリサイ派《は》の学者《がくしゃ》の弟子《でし》、とりまき
でした。仕返《しかえ》しに　きたのでしょう。

イエスは　女性を誘惑《ゆうわく》し　だました男に　いいました。

「あなたは　この女性の　罪《つみ》の証拠《しょうこ》を　にぎっていますか」

男は、一瞬《いっしゅん》　ためらいました。

「罪の証《あかし》を　いまここに　はっきり　しめすことができますか」

真摯《しんし》な問《と》いかけが　男を　追《お》いつめます。

ひとりひとりの　人生《じんせい》を　つまびらかに　解《と》き明《あ》かすかのように　イエスは、男たち
を　まっすぐ　みつめていきます。

「あなたたちのうち　罪なきものが　最初《さいしょ》に　この石をとり　女を　打《う》ちなさい」

困惑《こんわく》した男たちが　お互《たが》いを　見《み》かわしました。

――

たいまつが　バチッと　はじけました。
沈黙《ちんまく》に　たえきれなくなった下男《げなん》たちが　からになり　軽《かる》くなった　畚《もっこ》をかついで
帰《かえ》りました。
畚のしゃりしゃりする　音《おと》をきいた　女性を　ひきずってきた　ふたりが、顔《かお》をふせて　帰りました。
そのすがたを見た　男たちが　三々五々《さんさんごご》　帰りはじめました。
ひとり　のこった　女性をだました男が　とうとう　くやしそうな歯《は》ぎしりをしながら　イエスを　にらみ　無念《むねん》そうに去《さ》っていきました。
どこかから　にわとりの　鬨《とき》の声《こえ》が　きこえてきました。
イエスが　いいました。
「あなたを　石で打つものは　いますか、罪に定《さだ》めるひとが　ここにいますか」
語《かた》りかけたイエスは　女性のあごのしたに右手《みぎて》をそえ、かおをうえに向《む》けました。
女性は　土《つち》ぼこりにまみれ　涙で泥《どろ》になった　かおをあげ　そよぐ風《かぜ》のような　ちい

さな声で　こたえました。
「いません」
やなぎの木《き》にかけてあった　あの頭巾《ずきん》　青紫《あおむらさき》の　おおきなヴェールをとると　イエスは　女性のからだに　そおっと　かけました。
イエスが　ほほ笑《え》みます。
「さあ　安心《あんしん》して　お帰《かえ》りなさい」
石畳の冷たさから　ヴェールの温《ぬく》もりにふれ、女性は　神のふところに　いだかれているような　こころもちになりました。
にわとりの鬨《とき》の声《こえ》が、朝陽《あさひ》を　せりあげていくのでしょうか、東《ひがし》の空《そら》が　しらみはじめています。
「きょうがあり　あしたがあります。生《い》きるのです」
青《あお》いもやのなか　女性は、ヴェールにつつまれ　帰宅《きたく》しました。

四

女性《じょせい》は　信《しん》じられない気持《きも》ちで、その光景《こうけい》を　みました。
十字架《じゅうじか》の　横棒《よこぼう》をかついだイエスが　ゴルゴタの丘《おか》へとつづく道《みち》に　倒《たお》れています。いばらの冠《かんむり》の　とげが　いく本《ほん》も刺《さ》さり、かわいた血《ち》のすじが　汗《あせ》と土《つち》ぼこりにまみれ　かおじゅうに　黒《くろ》くかたまっています。うでも　からだも　ムチに打《う》たれ　傷《きず》だらけ、素足《すあし》も　土《つち》と血《ち》にまみれ、イエスのすがたは　ぼろぞうきんのようです。
涙《なみだ》なしに　みては　いられません。
数日《すうじつ》まえ、歓呼《かんこ》にむかえられたイエスは、白《しろ》いろばにのり、きれいな花《はな》の冠をかぶっていました。
人《ひと》びとは、「いとたか高きにはオサンナ」とさけび、うた歌い踊《おど》るひともおり、凱旋《がいせん》

将軍《しょうぐん》を　むかえているようでした。
そのひとたちが　いま　狂気《きょうき》にかられています。
あまりにも　石《いし》や棒を　なげつける人が多《おお》いので　ローマ兵《へい》が　盾《たて》をならべ　イエスの四方《しほう》を　しっかり警護《けいご》しています。
イエスは　たおれたまま　立《た》ちあがれません。
兵士《へいし》が　話《はな》し合《あ》い、だれか　手伝《てつだ》いを　さがしに行《い》きました。
そのとき　女性は　兵士の制止《せいし》をふりきり　一気《いっき》に　イエスのもとに　走《はし》りました。
イエスのあたまを　ひざにのせ　胸《むね》に抱《だ》きよせます。
青紫《あおむらさき》のヴェールで　あたまをつつみ　そおっと　なで、涙のしたたりで　血と汗をぬぐいます。孤絶《こぜつ》のすがたに　胸がしめつけられ、悲《かな》しみと憤《いきどお》りに　ふるえがとまりません。
「わたしを助《たす》けてくださった、愛《いと》しいお方《かた》が、どうしてこんな目《め》に」
さらに　イエスのかおを　なでようとしたとき、兵士が　あらあらしく、女性のうで

ヴェロニカ

をつかみ、イエスから　引《ひ》きはがそうとしました。
……そのとき。
――
イエスは　にっこり　ほほ笑《え》みました。
おだやかで　やさしい　かお。
じぶんを　救《すく》ってくれたときの　どこか　とおい未来《みらい》を　視《み》るかのような眸《ひとみ》。
女性は　じぶんの心臓《しんぞう》を　わしづかみに　されました。
イエスのくちびるが　すこし　うごきました。
つぎの瞬間《しゅんかん》、女性は　乱暴《らんぼう》に　通《とお》りのはしに　なげすてられました。
つづけて兵士は　ヴェールを　ばさっと　女性のそばに　放《ほう》りました。
連《つ》れてきた男《おとこ》に　十字架の横棒を　かつがせた兵士は　イエスを　ひきずり　おこしました。
男のかついだ棒にすがりつき　よろめきながら去《さ》っていくイエスを　女性は、地《じ》べた

にしゃがんだまま　見送《みおく》りました。

五

へやの　小卓《しょうたく》のうえには　青紫《あおむらさき》のヴェールが　おかれています。
イエスの血《ち》と汗《あせ》　土《つち》ぼこりにまみれ　よごれたヴェールです。
おそらくイエスは　春《はる》とは思《おも》えぬ　炎暑《えんしょ》の道《みち》を　ゴルゴタの丘《おか》へ　つれていかれ　十《じゅう》字架刑《じかけい》に　処《しょ》されたのでしょう。
それは　ぼんやり　想像《そうぞう》できます。
なぜ　どうして。
イエスは、正《ただ》しいことを　お話《はな》しになり　奇蹟《きせき》をおこない　ひとを助《たす》け　ました。
それを　憎《にく》み　恨《うら》み　十字架にかけて　殺《ころ》すことが　女性には　理解《りかい》できません。
あまりにも　理不尽《りふじん》で　信《しん》じがたい出来事《できごと》でした。

突然《とつぜん》、瘧《おこり》のように　からだが　ふるえだし、女性は　ヴェールに　かおを埋《う》め　泣《な》きじゃくりました。
生《い》きることができない。
生きていてもしかたがない。
イエスは　希望《きぼう》　でした。
じぶんを　生かしてくれる　大気《たいき》のようでした。
その大切《たいせつ》な　かけがえのない　イエスが　いなくなってしまった。
「愛《あい》する恩師《ひと》、ラボニ」
泣いて　泣いて　ようやく　こぼれた　雫《しずく》のような　ひと言《こと》でした。

しろい光線《こうせん》が　ひとすじ　窓《まど》のすきまから　さしこんできました。
ひかりのさし　しめす　小卓を　みて、はっと　しました。
青紫のヴェールが　純白《じゅんぱく》に　変《か》わっています。

ヴェールを手《て》にした女性は　さらに　おどろきました。
イエスのかおが　ヴェールに　映《うつ》っています。
女性は　ほおずりしました。また　涙が　あふれてきました。
「生《い》きなさい」
女性は　あたりを　みまわしました。
なつかしい思《おも》い出《で》が　泡《あわ》たつように　心身《しんしん》を満《み》たします。
あの日《ひ》　わたしのあごに　手をそえ、
「さあ　安心《あんしん》して　お帰《かえ》りなさい」
そういい、ヴェールを　おあたえくださったイエス。
「孤独《こどく》のものよ、生きるのです」
イエスの声《こえ》が　きこえてきました。
ゴルゴタへの道をゆくイエスは　ほほ笑《え》みながら　そう　女性に　語《かた》りかけていたのです。

「生きなさい」

　わたしは、孤独《ひとり》ではない。いつまでも、どこまでも、イエスといっしょに　生きてゆくのだから。

　胸《むね》の奥《おく》から　熱《あつ》いものが　こみあげてきます。

「わたしは、神《かみ》に愛されている　いまの　じぶんが　好《す》きです、大好《だいす》きです」

　女性は、しろいヴェールを胸に　朝陽《あさひ》のなか　立《た》ちあがりました。

　そして　はっきり　答《こた》えました。

「アミン」

　と。

「わたしは、生きます」

　ヴェロニカは　ほほ笑みをうかべ　イエスに　そう　返事《へんじ》をしました。

ふたりの弟子

一

アリマタヤ出身《しゅっしん》、最高法院《さいこうほういん》、サンヘドリンの一員《いちいん》であるヨセフと、その友人《ゆうじん》ニコデモは、ユダヤ属州《ぞくしゅう》を統括《とうかつ》する　総督《そうとく》ピラトの　謁見室《えっけんしつ》のまえに　待《ま》たされていました。

すると室内《しつない》から　イエスを十字架《じゅうじか》にかけようと画策《かくさく》し、その目的《もくてき》を達成《たっせい》した大祭司《だいさいし》カイアファの　おおきな声《こえ》がきこえてきました。

「あの男《おとこ》、十字架にかけられたローマ帝国《ていこく》への反逆者《はんぎゃくしゃ》、あいつは　生前《せいぜん》、死《し》からよみがえる、復活《ふっかつ》する　と語《かた》っていたそうです。このまま　葬《ほうむ》らせてはなりません。ゲエンナに　投《な》げこみ、塵《ちり》と灰《はい》にしてしまうのがよいでしょう」

ゲエンナとは、エルサレムちかくにある深《ふか》い谷《たに》です。昔《むかし》から、ゴミ、汚物《おぶつ》などが　投げこまれ、ドラゴンの　紅《あか》い舌《した》のような火《ひ》が、昼夜《ちゅうや》わかたず　燃《も》えさかっていました。闇《やみ》の深《ふか》い夜《よる》など、紅蓮《ぐれん》の業火《ごうか》が　チロチロ　遠《とお》くからみえ、ユダヤの人《ひと》びとは　「地獄《じごく》の光景《こうけい》」と呼《よ》んでいました。

「そこまですることはあるまい。イエスは　処刑《しょけい》され、絶命《ぜつめい》した　と報告《ほうこく》をうけている。正当《せいとう》な　遺体《いたい》の　引《ひ》き取《と》り人《にん》のいる場合《ばあい》には、たとえ刑事犯罪者《けいじはんざいしゃ》であってもひき渡《わた》すべし、ローマの法《ほう》がそう定《さだ》めている」

　ピラトは　うんざりしたような仕草《しぐさ》で、「近《ちこ》うよれ」と、廊下《ろうか》にたたずむ　ふたりの男を　呼びよせました。

　さっぱりした　身《み》なり正《ただ》しい男たちが、一礼《いちれい》し、総督への敬意《けいい》を表明《ひょうめい》しました。

「最高法院の議員《ぎいん》、アリマタヤのヨセフであったな」

「はい、総督閣下《そうとくかっか》。これなるは　友人の　ニコデモです」

「十字架にかけられた　イエスをひきとり、葬りたいということか」

「イエスの母《はは》マリアの　代理人《だいりにん》として　わたしがまいりました」

　もともとイエスに　同情的《どうじょうてき》であった　ピラトです。嫉妬《しっと》と憎悪《ぞうお》によって、大祭司らに殺害《さつがい》されたことを知《し》っていたので、これ以上《いじょう》　むごい扱《あつか》いをしたく　ありませんでした。


大祭司の目《め》をみながら　ピラトは　ヨセフに問《と》いかけました。

「イエスを　どこに　葬るのか」

「は、わが家《いえ》につたわる墓所《ぼしょ》のなかの　新《あたら》しい墓《はか》に　葬る予定《よてい》です」

鼻《はな》のあたまを真《ま》っ赤《か》にし、白《しろ》い僧侶《そうりょ》の頭巾《ずきん》を突《つ》きぬかんとするほどに、白髪《しらが》を　逆《さか》だてた大祭司が　反論《はんろん》しようとしました。

「なれど……」

ヨセフとニコデモが　ひとの気配《けはい》を感《かん》じ、ふりかえると、淡《あわ》いオリーブ色《いろ》の服《ふく》をゆったり着《き》こなし、桃《もも》いろのサンゴの髪《かみ》かざり、しろくてうすい絹《きぬ》のベールをかぶった、上《じょう》品《ひん》な女性《じょせい》が　ピラトのもとへ、ゆっくり、あゆみよるところでした。

「あなた」

女性は、しなやかな足《あし》どりで　あゆみより、腰《こし》をかがめ　総督の　右手《みぎて》の指輪《ゆびわ》に　口《くち》づけしました。

「おう　もうそんな時間《じかん》か」

ピラトの妻《つま》に　あわてて一礼した大祭司が、席《せき》を立《た》とうとしている総督を　おしとどめるように　あらためて　強《つよ》い語気《ごき》で　いいました。

「神《かみ》を冒瀆《ぼうとく》した背教者《はいきょうしゃ》　ローマ帝国《ていこく》への反逆者《はんぎゃくしゃ》を　ふつうの犯罪者《はんざいしゃ》とおなじにあつかうことは　できないはずです」

ピラトは　妻が　耳《みみ》にささやく声をきき、ふかくうなずきました。

「ヨセフよ、おまえの要望《ようぼう》を　みとめよう」

総督は、するどい視線《しせん》で　大祭司の　反論の芽《め》をつもうとしました。

「十字架刑に処《しょ》したことで　あの男の　処罰《しょばつ》はおわった、そうではないか」

執務《しつむ》の時間を終《お》え、妻とともに退出《たいしゅつ》しようとするピラトに　大祭司が、金《きん》バエのように　追《お》いすがります。

「イエスは、稀代《きたい》のペテン師《し》です。死者《ししゃ》の復活《ふっかつ》　などという虚言《きょげん》を　ひろめていました。あの男の弟子《でし》たちが　きっと　そういうまやかしをすることでしょう」

ヨセフとニコデモをにらみつけながら　大祭司が　いいました。

「大祭司よ、おまえも宗教者《しゅうきょうしゃ》ならば、遺族《いぞく》、友人の悲《かな》しみがわかるであろう。とくに母の悲しみが……ゲエンナに投げこむ、そんな非道《ひどう》はできまい」

「……しかしながら」

妻の手《て》をとった総督は、足をとめると　背《せ》のひくい　ふとっちょの大祭司に　重《おも》くのしかかるように、うえから威圧《いあつ》しました。

「おまえたちには傭兵《ようへい》、やとっている私兵《しへい》がおるだろう。かれらに番《ばん》をさせ　見《み》はらせればよい。墓の場所《ばしょ》は、そこにいる　ヨセフにきけばよい」

「閣下《かっか》……」

「ヨセフ、おまえには　遺体《いたい》を収容《しゅうよう》し、埋葬《まいそう》する許可証《きょかしょう》をあたえる。そこなる待官《じかん》から受《う》けとるがよい」

ピラトに仕《つか》える待官が、さらに追いすがろうとする大祭司を、からだをはさんで　さえぎりました。

大祭司は　凶暴《きょうぼう》な目つきで　イエスの弟子　ふたりをにらむと、怒《いか》りの震動《しんどう》をのこしたまま、いそぎ足に去《さ》って　いきました。

二

シオンの山《やま》の　あざやかな黄色《きいろ》のサフランも、ヒアシンス、チューリップ、しろい水《すい》せん、赤《あか》いアネモネも、せまりつつある夕闇《ゆうやみ》のなか、ゆっくり　静《しず》かな眠《ねむ》りに　つこうとしていました。

ヨセフとニコデモは、ゴルゴタの丘《おか》の処刑場《しょけいじょう》にのこり、見《み》はっているローマ兵《へい》の百人《ひゃくにん》隊長《たいちょう》に、総督《そうとく》ピラトの許可証《きょかしょう》を　手《て》わたしました。

ニコデモは、その命令書《めいれいしょ》にうなずき　顔《かお》をあげた隊長《たいちょう》の手《て》に、金貨《きんか》をにぎらせようとしました。

隊長は　しかし、それを　こばみました。

「わたしたちも、十字架《じゅうじか》から降《お》ろすのを　手伝《てつだ》いましょう」

ヨセフ、ニコデモ、わかい弟子《でし》のヨハネ、なん人《にん》かの女性《じょせい》は、ローマ兵の協力《きょうりょく》をえて、イエスのからだを　床板《とこいた》のうえに　そおっと　ねかせました。

母《はは》マリアは、イエスの体温《ぬくもり》の消《き》えたあたまを　胸《むね》におしつけて抱《だ》くと、かきむしられるような思《おも》いを秘《ひ》めたまま、涙《なみだ》しました。

ひとの小指《こゆび》ほどもあろうかというトゲ　いばらの冠《かんむり》をはずしたあたまには、かたくこびりついた　血《ち》のりがついています。手《て》くび、足《あし》のクギのあとの無惨《むざん》さ。からだじゅうの、ムチや棒《ぼう》で　打《う》たれたアザや傷《きず》……。

女性たちは、イエスのからだの　血のりと土《つち》ぼこりを　ぬぐい清《きよ》め、香油《こうゆ》をぬりながら　泣《な》きました。ヨセフ、ニコデモ、ヨハネが、おおきな新《あたら》しい亜麻布《あまぬの》に　イエスをくるみました。

そこまで見とどけると　ローマの百人隊長は、ローマ軍式《ぐんしき》に　胸に拳《こぶし》をあて　敬礼《けいれい》しました。

「ほんとうに　この人は　神《かみ》の子《こ》です」

三

ゴト、ゴト……

母《はは》ろばのひく　荷車《にぐるま》のよこに、子《こ》ろばが　すりよっていいます。

夕《ゆう》やみが　木立《こだち》の影《かげ》を　青《あお》ぐろく　ひきのばしている　ほそい道《みち》を、たいまつにみちびかれ、荷車をかこんだ　男女《だんじょ》の一群《いちぐん》が　あるいていいます。

「ろばの荷車では、先生《せんせい》が　かわいそうだ。せめて　馬車《ばしゃ》にしたらよかったのに……。きみのところには、四頭《よんとう》だての　立派《りっぱ》な馬車だってあるじゃないか」

ヨセフは、ニコデモのけとばした　小石《こいし》のはねる音《おと》を　きき、ため息《いき》を　つきました。

「先生は、この子ろばにのって、エルサレムに　入城《にゅうじょう》された。ニコデモ、きみも、あの出来事《できごと》を　おぼえているだろう。つい何日《なんにち》かまえのことなのに……もう　ひと昔《むかし》のように感《かん》じられる……」

ニコデモは、こらえきれない　やり場《ば》のない憤《いきどお》りにかられ、つい　ヨセフに、烈《はげ》しいことばを　ぶつけました。

「先生の弟子《でし》なのに、逃《に》げていった連中《れんちゅう》は……。わたしは、ゆるせん。ふるいことわざにもあるだろう。〝ろばに　牧草《ぼくそう》と　ブナのムチと　重荷《おもに》を。奴隷《どれい》に　パンと　刑罰《けいばつ》と苦痛《くつう》を〟。逃げたやつらは、地獄《じごく》に墜《お》ちればいい。ゲエンナの灼熱《しゃくねつ》の業火《ごうか》に　焼《や》かれて苦《くる》しめばいいんだ」

ヨセフは、ひとり言《ごと》のように　こたえました。

「わたしたちだって　おなじだ。まわりの人《ひと》びとに　知《し》られないよう、先生に師事《しじ》してきた」

ヨセフは、町《まち》の有力者《ゆうりょくしゃ》、最高法院《さいこうほういん》のメンバーでもあったので、積極的《せっきょくてき》にイエスのところへ　でかけていって学《まな》ぶようなことは　しませんでした。やはり周囲《しゅうい》の目《め》を　気《き》にしたのです。

ヨセフは、ろばの準備《じゅんび》をしたり、最後の晩餐《ばんさん》の　会場を手配《てはい》することで、弟子のつとめを　はたしたつもりでした。

でも……。

目のまえの、くびをうなだれて　あるいている　ろばを見ていると、こころに空《あ》いたおおきな深淵《ふち》を　実感《じっかん》しました。

エルサレム入城のとき、イエスが　ろばの母子《おやこ》に　はなしかけ、ひたいに接吻《せっぷん》し祝福《しゅくふく》した光景《こうけい》を、忘《わす》れられません。

ヨセフは　ニコデモに　いいました。

「先生は、ろばに縁《えん》のある　おひとだ。ベツレヘムで　お生《う》まれになったとき、ヘロデ王《おう》の兵士《へいし》に追《お》われて　エジプトへ脱出《だっしゅつ》したとき、ガリラヤ、サマリア　ユダヤ各地《かくち》を旅《たび》されたとき、……エルサレム入城、そしていま……」

想《おも》いかえしてみると、ヨセフとニコデモは、こんなおだやかな春《はる》の夕暮《ゆうぐ》れに、イエスの泊《とま》っていた家《いえ》を　たずねたのでした。

わずか　二年《にねん》ほどの　みじかいつながりです。

特別《とくべつ》に　なにかを教授《きょうじゅ》されたとか、ほかの使徒《しと》たちのように　身近《みぢか》にいて　たとえ話《ばなし》をきいたり、奇蹟《きせき》を目撃《もくげき》したわけでもありません。

ヨセフは、いわば　このろばの母子と　おなじように、イエスのそばに　ときおりいました。

でも　そのわずかな時間《じかん》が、イエスの存在《そんざい》を、みずからの　父《ちち》や母《はは》にも優《まさ》るものにさせていました。師《し》と弟子《でし》との　つき合《あ》いの長《なが》さが　問題《もんだい》なのではありません。深《ふか》さが大切《たいせつ》なのです。

四

ろばの　ながいまつ毛《げ》の下《した》の瞳《ひとみ》に、宵《よい》の明星《みょうじょう》が　映《うつ》ります。

流《なが》れ星《ぼし》が　ひとつ　深《ふか》まりゆく　藍色《あいいろ》の夕《ゆう》ぞらを　よこぎりました。

「流れ星のように、先生《せんせい》の一生《いっしょう》は　終《お》わってしまったね」

　ニコデモは、低《ひく》く　つぶやきました。

「わたしはもう、先生の弟子《でし》であることを隠《かく》さない」

　ニコデモは、突然《とつぜん》の　ヨセフのことばに　おどろきました。

「だって　先生は、おなくなりになったのだよ」

「夕方《ゆうがた》、総督《そうとく》ピラトのところへ行《い》ってきたように、みんなのまえで　弟子として　生《い》きる」

　ニコデモは　すこし考《かんが》えると、ことばをえらんで　いいました。

「うん、そうだね。わたしも　先生のご恩《おん》に　むくいるために　なにかするよ」

「……先生への恩返《おんがえ》し　とはちがう……　じぶんの人生《じんせい》を　ほんとうに生《い》きる日《ひ》が　はじまっているような気《き》がする。……神《かみ》とともに　生活《せいかつ》することが　孤独《こどく》ならば、その自由《じゆう》な　孤独のなかを　生きたい。わたしは　孤独を　怖《おそ》れない。もとめているのはほんとうの生《い》き方《かた》なんだ」

ニコデモは、あゆみをとめ、上着《うわぎ》の胸《むね》もとを　くつろげました。

「わたしは、この白《しろ》い母《はは》ろばにのって、先生のように　旅《たび》にでる。きみも、その黒《くろ》い子ろばにのり、旅に発《た》つといい」

ニコデモは、返事《へんじ》できずに、のびゆく道《みち》すじを　見《み》つめていました。

先頭《せんとう》にたって　照《て》らしている　わかい弟子　ヨハネのたいまつが、イエスを葬《ほうむ》る　お墓《はか》の入口《いりぐち》を、ぼんやり浮《う》きあがらせました。

道すじには、咲《さ》きそろった　あまたの赤《あか》いゆりが　列《れつ》をなしています。

あのエルサレム入城《にゅうじょう》とは　まったくことなる静寂《せいじゃく》につつまれ、甘《あま》いしっとりした香《かお》りを　ただよわせていました。

ヨセフは、ろばの手綱《たづな》を　きつくにぎり、でも　やさしく　ろばの鼻《はな》づらを　ひきよせました。

にっこり笑《わら》ったヨセフは、はげますように　親友《しんゆう》の肩《かた》を　かるくたたきました。

ピラトの妻

ローマ皇帝《こうてい》ティベリウスは、お気《き》にいりの　あさぎ色《いろ》のトーガを　身《み》にまとい、春《はる》らしい　おだやかな陽《ひ》ざしにさそわれ、ベランダへでました。

別荘《べっそう》の庭《にわ》から、深《ふか》みのある青《あお》い　ナポリ湾《わん》が　みわたせました。

しろい噴煙《ふんえん》を　天高《てんたか》くなびかせている　ヴェスビオス火山《かざん》も　遠望《えんぼう》できます。碧《あお》い星空《ほしぞら》のなか　可憐《かれん》な秋桜《あきさくら》のような　火花《ひばな》のみえることもありました。

どこかで　ひばりが　うれしそうに　さえずっています。

つきそっている女官《にょかん》の運《はこ》んだ　籐《とう》のイスに腰《こし》をおろした　ティベリウスは、じぶんの手《て》の甲《こう》をみました。

顔《かお》もそうですが、茶色《ちゃいろ》くにごったような肌《はだ》に、虫食《むしく》いのような染《し》みが黒《くろ》く　点々《てんてん》とひろがっています。

ティベリウスは、一艘《いっそう》の帆船《はんせん》が、追《お》い風《かぜ》に帆《ほ》をはらませ、すべるように　湾に　はいってくるのをみました。

「明日《みょうにち》であったな」

音《おと》もなく　影《かげ》のように　つき従《したが》っている侍従長《じじゅうちょう》に　命《めい》じます。

「ピラトに申《もう》しておけ。夫人同伴《ふじんどうはん》で　くるように、となく」

帆をすぼめた帆船は、両舷《りょうげん》に　あめんぼのように櫂《かい》をつきだし　速度《そくど》をゆるめました。

おなじころ　船上《せんじょう》からも　ナポリ湾の　波《なみ》しぶきに潤《うるお》された岩《いわ》はだ、緑《みどり》に染《そ》まる丘《おか》、牧場《まきば》に放牧《ほうぼく》された羊《ひつじ》の群《む》れ、そして段《だん》だん畑《はたけ》のように、海《うみ》ぞいの丘に建《た》ちならぶ邸宅《ていたく》をながめるひとがいました。

ピラト夫妻《ふさい》と、ほかの乗船者《じょうせんしゃ》です。

ひときわ目《め》をひく　琥珀色《こはくいろ》の瀟洒《しょうしゃ》な邸宅が　ローマ皇帝ティベリウスの別荘であることを　かれらの多《おお》くが、知《し》っていました。

ピラトの妻《つま》が、皇帝の別荘を手《て》でさし示《しめ》しながら、同乗者《どうじょうしゃ》に　話《はな》しかけています。

一

港《みなと》に入《はい》るにつれて、船《ふね》にむらがるカモメが　ふえていきました。その光景《こうけい》を見《み》たマグダラのマリアが、キプロス島《とう》で別《わか》れた弟《おとうと》、ラザロのことを思《おも》い出《だ》していました。

永眠《えいみん》から　四日《よっか》もたっていたラザロを、イエスがよみがえらせた日《ひ》を、マリアは　忘《わす》れたことがありません。

幼《おさな》いころから病弱《びょうじゃく》であった弟《おとうと》は、あの復活《ふっかつ》の日から、みちがえるように　じょうぶになりました。

にじんだ光《ひかり》をはなつ燈火《とうか》が　甲板《かんぱん》を　ほのかに　照《て》らしています。

海面《かいめん》がどこか　わかりません。海鳴《うみな》りも、帆《ほ》やロープのきしむ音《おと》も、きこえません。

深海《しんかい》のような沈黙《ちんもく》に　つつまれています。

神《かみ》の温《ぬく》もりを　感《かん》じた　マリアは、こころも、からだも、あらゆる生《い》きものが　宇宙《うちゅう》の中心《ちゅうしん》、神《かみ》のなかに　生きていることを知《し》りました。

明《あ》けの明星《みょうじょう》が　船上《せんじょう》におかれた小卓《しょうたく》と、その上《うえ》におかれた聖《せい》なるパン、赤《あか》ぶどう酒《しゅ》の満《み》ちている　木《き》のカップを　浮《う》きたたせます。

トマスが　おごそかに　祈《いの》りのことばを唱《とな》えました。

「とりて食《く》らえ、これわが体《たい》、なんじらのために裂《さ》かるるもの、罪《つみ》のゆるしを得《う》るをいたす」

ヴェールを深《ふか》くかぶっているマリアと、となりに立《た》つラザロが、アミン、と唱和《しょうわ》します。

「みなこれを飲《の》め、これ新約《しんやく》の血《ち》、なんじらのために流《なが》さるるもの、罪のゆるしを得るをいたす」

「アミン」

「なんじの聖神《せいしん》（聖霊《せいれい》）をもって、これを変化《へんか》せよ」

「アミン、アミン、アミン」

三人《さんにん》はひざまずき、伏拝《ふくはい》しました。

マリアのほおを、真珠《しんじゅ》のような涙《なみだ》が　落《お》ちていきます。

不思議《ふしぎ》なことに、顔《かお》じゅう黒《くろ》ひげのトマスが、いまは　たのもしく　男《おとこ》らしく　みえます。

「天《てん》にいます」の祈りのあと、聖なるパンとぶどう酒をうけたラザロは、あどけなさの　のこる少年《しょうねん》ではなく、凛々《りり》しい青年《せいねん》になっていました。

帆柱《ほばしら》のかげから　ピラトの妻《つま》が、その姿《すがた》をみていました。

昇《のぼ》る朝陽《あさひ》に照射《しょうしゃ》された　桔梗色《ききょういろ》の朝《あさ》もやが、みるまに晴《は》れていく光景《こうけい》は、息《いき》をのむほどです。なんと美《うつく》しい夜明《よあ》けでしょう。

向《む》こうに見《み》える黒《くろ》い島影《しまかげ》は、キプロス島にちがいありません。

「姉上《あねうえ》、行《い》ってまいります」

船《ふね》を下《お》りたラザロは、ひょうきんな仕草《しぐさ》で姉を　笑《わら》わせました、が、にわかにきりっとした表情《ひょうじょう》をつくり、すいっとひれ伏《ふ》し、大地《だいち》に接吻《せっぷん》し、旅立《たびだ》ちました。

それから数十年《すうじゅうねん》にわたり　キリスト教《きょう》をひろめ、キプロス正教会《せいきょうかい》の初代主教《しょだいしゅきょう》としてラザロは　生《い》きました。

猫《ねこ》の鳴《な》くようなカモメの歌《うた》をきき、われにかえったマリアが　かたわらをみやると、トマスが、黒《くろ》パンのかけらを　ばらまいています。

船舷《せんげん》や太《ふと》いロープにとまった　数羽《すうわ》のカモメが、ほかのエサをくれないものかと、ようすをうかがっています。トマスは　にが笑《わら》いをうかべました。

「ティベリウス陛下《へいか》の別荘《べっそう》は　あそこです。その黒《くろ》パンは　カモメさえ食《た》べないのですね」

ほほ笑《え》んだピラトの妻《つま》は、五〇歳《さい》すぎでしょうか。愛《あい》くるしい魅力《みりょく》に満《み》ちた、初老《しょろう》の女性《じょせい》です。

「パンは古《ふる》くてだめですが、わたしの新鮮《しんせん》な話《はなし》をきいたら、皇帝陛下《こうていへいか》も思《おも》いを新《あら》たにし、洗礼《せんれい》を受《う》けるかもしれませんよ」

トマスとマリアのふたりは　イタリア伝道《でんどう》を計画《けいかく》していましたが、ピラトの妻にさそわれ、同船《どうせん》しました。

ピラトの妻がやとっている　何人《なんにん》かの召使《めしつか》いの女性が、トマスとマリアのみちびきにより　洗礼を受け、クリスチャンとなっていました。

妻の行動《こうどう》を　黙認《もくにん》していたピラトは、一〇年にわたる総督《そうとく》の職《しょく》を解任《かいにん》され、皇帝への退任挨拶《たいにんあいさつ》のため　やってきました。

ピラトの妻は　いたずらっ子《こ》のような笑みをうかべています。

「わたしの一存《いちぞん》にて　おふたりを皇帝陛下に　お引《ひ》き合《あ》わせいたしましょう」

二

初代《しょだい》ローマ皇帝《こうてい》の本名《ほんみょう》は、ガイウス・ユリウス・カエサル・オクタヴィアヌスというのですが、皇帝に就任《しゅうにん》した日《ひ》から　インペラトル・カエサル・アウグストゥスと　敬称《けいしょう》されました。ローマ皇帝は、〝カエサル〟の称号《しょうごう》を継承《けいしょう》するものです。

第二代《だいにだい》皇帝ティベリウス・ユリウス・カエサルは、この初代皇帝アウグストゥスの養子《ようし》となり、五五歳で皇帝に就任、ここ数年《すうねん》、ナポリ湾《わん》の北西部《ほくせいぶ》ミセヌムの　風光明媚《ふうこうめいび》な岬《みさき》の別荘《べっそう》で　生活《せいかつ》していました。この年《とし》　主降生《しゅこうせい》（西暦《せいれき》）三六年　七七歳のティベリウスは、翌年《よくねん》　永眠《えいみん》しました。

この日、数人《すうにん》の会見《かいけん》をすませたさいごが、退任報告《たいにんほうこく》にきた　ピラトでした。

ティベリウスは、七段《ななだん》の階段《かいだん》の上座《かみざ》、ふかふかのクッションをしいた黒檀《こくたん》の玉座《ぎょくざ》にこしかけ、すこし離《はな》れた左右《さゆう》には　屈強《くっきょう》なふたりの親衛兵《しんえいへい》、段《だん》の向《む》かって右下《みぎした》には侍従《じじゅう》長《ちょう》が立《た》ち、さいごの謁見者《えっけんしゃ》の来訪《らいほう》を告《つ》げました。

「尊貴《そんき》なる皇帝陛下《へいか》の忠実《ちゅうじつ》なる僕《しもべ》、さきの第五代《ごだい》ユダヤ属州総督《ぞくしゅうそうとく》、ユダヤの皇帝属領《こうていぞくりょう》の長官《ちょうかん》、ポンティオ・ピラト閣下《かっか》」

ほお骨《ぼね》のはった、長《なが》めの白《しろ》いあごひげ、いかり肩《がた》の背《せ》の高《たか》いピラトが、皇帝面前《めんぜん》の　所《しょ》定《てい》の場所《ばしょ》に立《た》ちました。ローマの礼式作法《れいしきさほう》に則《のっと》り　片《かた》ひざをついて一礼《いちれい》、立《た》ち上《あ》がると右《みぎ》うでを　胸《むね》にあて最敬礼《さいけいれい》をしました。

「皇帝陛下、ご尊顔《そんがん》を拝《はい》したてまつり、恐悦至極《きょうえつしごく》に存《ぞん》じます。無事《ぶじ》一〇年、おつとめを果《は》たすことができ、退任《たいにん》のご挨拶《あいさつ》に　まかりこしました」

ピラトは　階段の二段目あたりをみつめたまま、顔《かお》をふせています。

ティベリウスが　侍従長に　合図《あいず》しました。

「ピラト閣下、皇帝陛下が　じかにお話をなされる。顔《おもて》をあげよ」

皇帝が　銀《ぎん》の錫《しゃく》を右手《みぎて》にとり、ピラトを招《まね》きよせました。ピラトは　段の中央《ちゅうおう》をしずしずとのぼり、皇帝のまえに　ひざまずきました。

ティベリウスは、銀の錫をのべると　ピラトの右肩《みぎかた》に置《お》き、

「長年《ながねん》の公務《こうむ》、ごくろうであった」

そういい、左肩《ひだりかた》をも　錫で　なでました。

皇帝は　ゆっくり立《た》ち上《あ》がると、ピラトに、いっしょに石段《いしだん》をくだるよう　うながしました。

「肩がこった、これで　きょうのむずかしい政務《せいむ》は　終了《しゅうりょう》じゃ。ピラト、おまえの妻《つま》はどこにおる。再会《さいかい》が　たのしみでな」

侍従長《じじゅうちょう》も　すこし声《こえ》のリズムを変《か》え、やや軽《かる》い口調《くちょう》で　いいました。

「ちかくの農家《のうか》のものが、いつものように　産《う》みたての卵《たまご》を持参《じさん》し、陛下に贈《おく》りたいと申《もう》しております。またピラトの妻とその友人が、控《ひか》えの間《ま》に待《ま》っております」

ティベリウスが　愛用《あいよう》の籐《とう》のいすにこしかけ　右手をふると　侍従長が　客《きゃく》を招《まね》きいれました。

「陛下」

やわらかな　潤《うる》みを帯《お》びた声《こえ》で　ピラトの妻が　ひざまずき　拝礼《はいれい》をしました。

「ピラトの妻クラウディア、一〇年前、赴任《ふにん》の挨拶《あいさつ》にきたとき以来《いらい》だな。かわらずに美《うつく》しい。ポルコ、おまえのもってくる卵は　おおきくて　うまい。このおおきな細長《ほそなが》い卵には　秘密《ひみつ》があるのだ」

満面《まんめん》の笑《え》みをうかべた　日焼《ひや》けした農夫《のうふ》　ポルコは、なれた様子《ようす》で　白《しろ》い大理石《だいりせき》の小《しょう》卓《たく》に　かごに入《はい》っている山盛《やまも》りの卵をのせました。

ピラトの妻は、皇帝の褒《ほ》め言葉《ことば》を　目《め》をふせて感謝《かんしゃ》しました。

「陛下、秘密とは　なんでございますか」

おもしろそうにうなずいた皇帝は、ポルコに卵をえらばせ、ちいさな陶《とう》の器《うつわ》のなかに割《わ》らせました。

侍従長にうながされた農夫は　ピラトとその妻、トマス、マリアの順《じゅん》に　割った卵を見せました。

なんと　黄身《きみ》がふたつ　ありました。　赤《あか》みがかった黄身《きみ》が　まあるいふたご岩《いわ》のように　ふっくら盛りあがっています。

「どうだ、見事《みごと》であろう。ポルコの農場《のうじょう》から持《も》ちこまれる卵　いろいろな肉《にく》　果実《かじつ》　野《や》菜《さい》　どれもがみな　絶品《ぜっぴん》なのだ」

農夫は、かおを紅潮《こうちょう》させ　ふかく拝礼をしました。

「おほめにあずかり　光栄《こうえい》に存《ぞん》じます」

ところで、という感《かん》じで　皇帝が見やるのと　ほぼ同時《どうじ》　あうんの呼吸《こきゅう》で　侍従長が言葉を揚《あ》げました。

「奥《おく》さまの　ご友人　トマスさまと　マリアさまで　ございます」

なにゆえ　連《つ》れてきたのか　そう問《と》う視線《しせん》を感じたピラトの妻は、すこしだけ視線をあげました。

「これなるトマスとマリアは、ユダヤ地方《ちほう》で広《ひろ》まっている　新《あら》たな信仰《しんこう》　教《おし》えを奉《ほう》じています」

転瞬《てんしゅん》、皇帝は、わし鼻《はな》から見下《みお》ろすような　きびしい眼《まな》ざしを　ふたりに向《む》けました。

「世界中《せかいじゅう》の出来事《できごと》は　わしに報告《ほうこく》される。いまから三年《さんねん》ほどまえ、イエスという男《おとこ》がピラトのもと、裁判《さいばん》にかけられ、ローマ帝国《ていこく》への反逆罪《はんぎゃくざい》で　十字架刑《じゅうじかけい》に処《しょ》された。……そうだな」

あわてたピラトが、「陛下」といいながら　三歩《さんぼ》ほど前《まえ》へすすみます。が、皇帝が、目《め》の圧力《あつりょく》で　それをおさえました。

「イエスの名誉回復《めいよかいふく》、汚名返上《おめいへんじょう》のために、弟子《でし》ふたりを連《つ》れてきたのか、おまえたちもイエスの弟子《でし》であるのか」

ピラトは　緊張《きんちょう》し　みうごきできません。

皇帝の冷酷《れいこく》な威圧感《いあつかん》に　トマスは　昔《むかし》つかえたヘロデ王《おう》を　思《おも》い出《だ》しました。底知《そこし》れぬ　暗黒《あんこく》の井戸《いど》のような　恐怖《きょうふ》に　背《せ》すじが　ふるえました。

ところが　涼《すず》しげな眸《ひとみ》のピラトの妻は、

「めっそうもありません。ただ　お引《ひ》き合《あ》わせしたく、大切《たいせつ》な友人を　ともなったのです」

　ふかくヴェールをかぶっていたマリアが、小首《こくび》をかしげ、侍従長に話《はな》しかけました。

「皇帝陛下に　ひと言《こと》　ご挨拶してもよろしいでしょうか」

　ためらった侍従長が　うなずく皇帝を　確認《かくにん》しました。

「陛下、わたしたちの愛《あい》する師《し》は、すべての人《ひと》をいやし、救《すく》うため　身《み》も心《こころ》も犠牲《ぎせい》とされました。人びとのとがを　十字架として　その身に負《お》い、あらゆる罪《つみ》をゆるし　神《かみ》の国《くに》へ　ともなわれます」

「どこにでもある　八百万《やおよろず》の神々《かみがみ》の一《ひと》つではないか」

「いいえ　ちがいます」

「どこが　ちがうのか」

「愛《あい》　ゆえに　ちがうのです」

「あい、愛」

　突然《とつぜん》、皇帝は　笑いだしました。あざけりをふくむ　哄笑《こうしょう》です。

「愛ゆえに　ローマ帝国に反逆し、十字架にかかったというのか。荒唐無稽《こうとうむけい》だ。わしは国民《こくみん》を愛したことはない。この世《よ》は　敵《てき》か　味方《みかた》しかない。味方である国民を庇《かば》うだけだ。国体護持《こくたいごじ》のみが、パックス・ロマーナ、ローマの平和《へいわ》　なのだ」

マリアは　立《た》ちあがり、ヴェールをはずし　皇帝を　直視《ちょくし》しました。

いきなりの行動《こうどう》に面《めん》くらった親衛兵、侍従長は　固唾《かたず》をのみました。

ひとりの女性《じょせい》が　おだやかな　しかし　峻烈《しゅんれつ》なおもざしで　皇帝のまえに立っています。

ますます優《やさ》しく　マリアが　話しかけます。

「愛ゆえに　わたしたちをゆるし　受《う》け容《い》れ　生命《いのち》をわけてくださいます」

「十字架　死後《しご》　三日目《みっかめ》の復活《ふっかつ》？……たわごとだ」

「よみがえった恩師《おんし》イエスに　わたしも　トマスもお会《あ》いし　食事《しょくじ》をし　祈《いの》りを　ともにしました」

マリアにみつめられたティベリウスは　動《うご》きを止《と》めました。

理知的《りちてき》でありながら　あまりにも温柔《おんじゅう》、吸《す》いこまれそうなほど　いたわりに満《み》ちた眸《ひとみ》でした。

われに返《かえ》った侍従長が、マリアのそばへ行き　ひざまずくよう命《めい》ずると　皇帝が　それをとめました。

「わしを　イエスの弟子にしようとしておるのか、むだなことだ。愛だと、……ローマ市民《しみん》、属州や属国《ぞっこく》の異邦民《いほうみん》、異教徒《いきょうと》、奴隷《どれい》もか……愛、不毛《ふもう》だ。武力《ぶりょく》や軍事力《ぐんじりょく》のない平和など、偽善《ぎぜん》にすぎぬ」

いすから身《み》をのりだした皇帝は、黄《き》いろく濁《にご》った目で　マリアをにらみました。

マリアは　小卓におかれた山盛りの卵のところへ行くと　ひざまずき　静《しず》かに　祈りはじめました。

親衛兵や侍従長が　阻止《そし》しようとすると　皇帝は　それをやめさせ　興味深《きょうみぶか》そうに観察《かんさつ》しました。

どこか遠《とお》くで　きじばとの夫婦《ふうふ》が　ぼーぼーと　鳴《な》きかわしています。

浜風《はまかぜ》がそよぎ、かもめの歌《うた》が　ベランダから　つたわってきます。

マリアが、手《て》に卵をひとつとり、皇帝のまえにすすみました。

——

両手《りょうて》をひらくと　卵が　真《ま》っ赤《か》に染《そ》まっていました。

「……隠《かく》しもっておったな、あるいは　大道芸人《だいどうげいにん》のする　奇術《きじゅつ》にちがいない」

さっと立ったトマスが　山盛り卵のかごを持ち、すすみでました。かごの卵がすべて赤く染まり　耀《かがや》いていました。

ポルコが両手を突《つ》き上《あ》げ　ばったのように　跳《は》ねながら　叫《さけ》びました。

「奇蹟《きせき》だ。神《かみ》の業《わざ》だ」

皇帝は　ことばをうしない　わたされた赤卵を　みつめています。

「ごらんください。このナポリ湾《わん》の美《うつく》しい青《あお》い空《そら》を。青い空は　深い海《うみ》の深層《しんそう》を天空《てんくう》に映《うつ》しだしている　といわれています。……そのひとの深層が、そのひとの生《い》き方《かた》、人生《じんせい》に反映します。赤い卵もおなじです。イエスの生命《いのち》に　染まったのです」

ピラトの妻

おどろくほど　すなおな表情《ひょうじょう》にかわった　皇帝が　マリアを見ました。
「二百年《にひゃくねん》　三百年《さんびゃくねん》の未来《みらい》　ローマ帝国の人びとがみな　イエスに　ならう日《ひ》が　きます。イエスは……　わたしたちは　ローマ帝国に反逆しません。……愛しています」
赤い卵に満《み》ちたかごを　もとの小卓へもどしたマリアのそばに　ピラトの妻と　トマスが近《ちか》より　ともに帰《かえ》るよう　うながしました。

三

「野《の》の花《はな》を見《み》よ」

そう、イエスは　よく語《かた》っていたと、皇帝《こうてい》ティベリウスの　邸宅《ていたく》から帰《かえ》る道《みち》すがら
トマスが　言《い》いました。

「奥様《おくさま》、ピラト閣下《かっか》とごいっしょに、お帰りにならなくてよかったのですか」

「かまいません、あのひとは、これからのことで　頭《あたま》がいっぱいです。クレタ島《とう》か　シチ

リア島の総督《そうとく》になりたくて、居《い》のこったのでしょう」

「わたしたち、ピラト閣下の再就職《さいしゅうしょく》のじゃまをしてしまいましたか」

「だいじょうぶです、皇帝陛下《へいか》は　タフなお方《かた》です。いまごろ、赤《あか》い卵《たまご》の奇蹟《きせき》をおもしろがっていることでしょう」

そう語《かた》ったピラトの妻は、ふところに手《て》をいれたあと　手品《てじな》のように　ぱっと両手《りょうて》をひらきました。

「もってきちゃいました」

トマスとマリアは　目《め》をみはり、おどろきました。

「皇帝陛下の赤卵を　黙《だま》ってもってきたのですか」

「ひとつくらいくすねても、陛下にはわかりません」

茶目《ちゃめ》っ気《け》たっぷりに笑《わら》うピラトの妻をみたふたりが、大爆笑《だいばくしょう》しました。

笑《え》みをたたえたまま　ピラトの妻が　話をつづけます。

「三年《さんねん》ほどまえ、身《み》のまわりの世話《せわ》をしている侍女《じじょ》たちの物腰《ものごし》から、わたしは、イエスさまの教《おし》えを知《し》りました。あの裁判《さいばん》、十字架《じゅうじか》にかけられるまえ、なんとか　イエスさまを助《たす》けたいとの思《おも》いから、主人《しゅじん》、ピラトに助命《じょめい》を嘆願《たんがん》しましたが、かないませんでした。神《かみ》のご意志《いし》ではなかったのかもしれません。……月日《つきひ》が流《なが》れ、あなたたち　ふたりに出会《であ》いました」

　晩春《ばんしゅん》の陽《ひ》の光《ひかり》を浴《あ》びた赤い卵は、生命《いのち》の源《みなもと》であるかのように、ピラトの妻の手のひらに　息《いき》づいています。

「神《かみ》によるいやし、イエスの復活《ふっかつ》、救《すく》いは、過去《かこ》からいま、いまから未来《みらい》へと、たしかにつながっています。赤卵の奇蹟《きせき》は、きっと永遠《えいえん》に語《かた》り継《つ》がれます。少《すく》なくとも、わたしは復活の証人《しょうにん》として、これから洗礼《せんれい》を受《う》けるひとに　物語《ものがた》りつづけるでしょう」

　きりっと　まなじりを決《けっ》した　ピラトの妻が　いいました。

「洗礼をうけたいのです。受託者《じゅたくしゃ》になっていただけませんか」

「……わたしが代父《だいふ》、マリアが代母《だいぼ》でよいですか」

　そういうトマスが、マリアに笑いかけました。

洗礼名《せんれいめい》　聖名《せいな》は　どうなさいますか、トマスがいうと、ピラトの妻は「名《な》づけ親《おや》をお願《ねが》いします」と、トマスにたのみました。

トマスが　うれしそうにほほ笑《え》みました。

「アナスタシア」

ピラトの妻がしっかりうなずきました。アナスタシアとは、復活を意味《いみ》する名前《なまえ》です。

「わたしも決心《けっしん》しました。あなたの洗礼のあと、わたしは　旅《たび》に発《た》ちます」

いずこへ、マリアが　トマスに　問《と》いました。

「きょう、皇帝陛下とお会いし、昔《むかし》を思《おも》い出《だ》しました。かつて　わたしの人生《じんせい》を変《か》えた三人《さんにん》の博士《はかせ》をさがす　旅にでます」

「わたしは、アナスタシアとして　新《あら》たな旅にでます。洗礼をうけ　わたしは　変《か》わります」

おたがいの決意《けつい》を　祝福《しゅくふく》し合《あ》うふたりをみて　マリアがほほ笑《え》みます。

「ごらんなさい、恩師《おんし》の忘《わす》れ形見《がたみ》のような花が　わたしたちを　祝福しています」

手にのせた赤い卵のすぐ下《した》に、わすれな草《ぐさ》が　つぶらな薄《うす》むらさきの　かわいい花を咲《さ》かせていました。

ピラトの妻が、こぼれる花びらのように　そっとつぶやきました。

「天国《てんごく》は　どんなところ……」

トマスは　赤い卵をゆずり受《う》けると、天をつかむかのように　赤い卵をさし上《あ》げました。

天国は、言いかけた　トマスは、手のひらの赤い卵が　太陽のまぶしさに結《むす》びついていく光景《こうけい》を見、涙《なみだ》しました。

「……夢《ゆめ》のかなうところです」

三人《さんにん》は　あげた手を結び合《あ》わせ、祈《いの》りの塔《とう》のように一《ひと》つとなり、神《かみ》に　祈《いの》りつづけました。

ペトロの旅立ち

青《あお》くろいアルバヌスの山脈《やまなみ》が、しだいに　ばらの花《はな》びらのような　みかん色《いろ》　薄《うす》もやのなかに　うかびあがります。

アッピア街道《かいどう》の石畳《いしだたみ》の　カンパニアの平原《へいげん》へと　のびていく光景《こうけい》が、みるみる　ひろがっていきました。

あちらこちらの　ニワトリが　鬨《とき》の声《こえ》を　あげます。その鶏鳴《けいめい》を　きいた　ふたりの旅《たび》びとのひとり、ペトロは、さりゆくローマの方角《ほうがく》を　見《み》つめていました。

「師父《せんせい》、なぜ、ニワトリの声をきくと　立《た》ちどまるのですか」

ペトロは、朝陽《あさひ》の透《す》きとおった、ゆり色の光線《こうせん》を浴《あ》びながら、ふたたびときの声をきくと、コツンと　長年《ながねん》つれそった杖《つえ》をならし、つぎの一歩《いっぽ》を　ふみだしました。

「思《おも》い出《で》があるのだ。……わすれられない思《おも》い出《で》が……」

白髪《しらが》、白《しろ》いヒゲ、屈強《くっきょう》ではあるが　年《とし》ごとに　やせていく胸《むね》、……老使徒《ろうしと》は、やわらかな朝陽《あさひ》に　ほんのり　ほおを染《そ》めていました。

一

ペトロは、たくさんの信仰者《しんこうしゃ》のすすめで、ローマ皇帝《こうてい》ネロによる　迫害《はくがい》のるつぼと化《か》した　帝国《ていこく》の首都《しゅと》から　はなれようとしています。

聖使徒《せいしと》パウロは、軟禁《なんきん》されていた家《いえ》を　ぬけだし、夜《よ》を徹《てっ》して　懇願《こんがん》し、ペトロの説《せっ》得《とく》にあたりました。

「使徒《しと》よ、あなたは、教会《きょうかい》をささえる　おおきな岩《いわ》、教会《きょうかい》の礎石《いしずえ》です。いまここで　あなたを失《うしな》えば、世界《せかい》のクリスチャンが　希望《きぼう》を失《うしな》うことになるでしょう。生《い》きのびてください。ここは　わたしひとりがいれば　十分《じゅうぶん》です」

パウロの　力《ちから》づよく　雄弁《ゆうべん》な説得《せっとく》は、ペトロの心《こころ》を　ゆさぶりました。

老《ろう》パウロと抱《だ》きあい、たがいを祝福《しゅくふく》したペトロは、わかい弟子《でし》　ナザリウスといっしょに、ローマから　はなれたのでした。

「ローマ帝国《ていこく》は、攻《せ》めゆく先《さき》ざき、支配《しはい》する領土《りょうど》に道《みち》をつくった。すべての道は　ローマにつうず　というが、帝国に住《す》んでいる　人《ひと》びとのこころは、ひとつに　まとまってはいない。わたしたちの　生活《せいかつ》とこころの中心《ちゅうしん》に　住《す》まわれるのは、イエスだ。唯一《ゆいいつ》の神《かみ》への、真《しん》の信仰《しんこう》によって、わたしたちは、初《はじ》めて　ひとつになる。軍事力《ぐんじりょく》、植民地《しょくみんち》政策《せいさく》、税金《ぜいきん》、道路《どうろ》で、ひとは　一体《いったい》とはなるまい。神の愛《あい》によって　人と人とが、真《しん》に　むすび合《あ》うのではなかろうか」

老使徒《ろうしと》は、背《せ》なかに　百万都市《ひゃくまんとし》ローマの　息吹《いぶき》を感《かん》じながら、そう思《おも》いました。ペトロは、多《おお》くの同労者《どうろうしゃ》、同信《どうしん》の人びとを　迫害《はくがい》の渦中《かちゅう》にのこしていく　痛《いた》みを感じていました。

一歩《いっぽ》いっぽ、あゆむたびに、ローマにのこしゆく　信仰者《しんこうしゃ》の顔《かお》、ローマでの日常生活《にちじょうせいかつ》を、まざまざと思《おも》い出《だ》し、足《あし》どりがいっそうにぶくなりました。

二

「さあ、あるけ。どうして動《うご》かない……」
ナザリウスは、ろばのおしりを　かるく手《て》でたたきました。
「師父《せんせい》、動こうとしないんです」
ナザリウスが　そういったとたん、ろばは　両前《りょうまえ》あしを折《お》りまげ、うずくまってしまいました。
「どうしたんだろう。おなかとか　足《あし》が痛《いた》むんだろうか」
ナザリウスが　ろばの様子《ようす》を　診《み》ています。
平原《へいげん》をつつみこむ　青《あお》いもやをおしのけるように、暁《あかつき》の陽光《ようこう》が、ペトロを射《さ》しました。
光《ひかり》の大《おお》きな渦《うず》が　まるで命《いのち》をもって　あるいてくるかのように、あたり一面《いちめん》をおおいます。

さくら色《いろ》の燐光《りんこう》が、石畳《いしだたみ》の道《みち》にしなだれかかっている　おおきなオリーブの枝《えだ》を照《て》らしたので、ペトロは　目《め》をほそめました。

ろばが　その光《ひかり》を　おそれていることに　気《き》のついたペトロは、杖《つえ》をもっている　左《ひだり》手《て》をかざしました。

「なにかがやってくる。ナザリウス、見《み》えますか」

「いいえ」

ふっくらした光が　あたりをサフラン色の輝《かがや》きに満《み》たすと、ペトロは、ぱったり杖を落《お》とし、細《こま》かな砂《すな》ぼこりのたつ石畳《いしだたみ》のうえに、声《こえ》もなく　ひれ伏《ふ》しました。

ろばにつづいて　ペトロまで　うずくまったことに　びっくりしたナザリウスは、思《おも》わずペトロのそばへ　二歩《にほ》　三歩《さんぽ》　にじりよりました。

ペトロは、過《す》ぎさりし日《ひ》の　もっとも幸福《こうふく》であった出会《であ》いを　思《おも》い出《だ》しているかのような、夢《ゆめ》みる表情《ひょうじょう》をしていました。

ほおが　赤《あか》みをまして上気《じょうき》し、双眸《りょうめ》がうるみ、ひとしずく、ふたしずく、涙《なみだ》がこぼれ、石畳《いしだたみ》を濡《ぬ》らしました。
「ラボニ　恩師《せんせい》、わが師《し》、わが生命《いのち》よ」
両《りょう》うでを　せいいっぱい　さしのべ、暖《あたた》かい光《ひかり》のなかに　からだ全体《ぜんたい》をもたせかけた老使徒《ろうしと》は、だれかの　衣服《いふく》のすそを抱《だ》いて　接吻《せっぷん》しているようでした。
そのまま　すっかりお陽《ひ》さまが　すがたをあらわすまで　ペトロは、ほこりっぽい石畳に　かおを　埋《う》めていました。
ろばが、ペトロに　つられるように　立《た》ちあがりました。
ナザリウスは　あわてて　かけより、師父の肩《かた》を　つかみました。
「どうされたのですか」
「……恩師に、主《しゅ》イエスに、お会いしたのだ。」
もの静《しず》かな表情《ひょうじょう》から　すでに　涙《なみだ》がきえていました。が、ながした涙のあとだけ、顔じゅうにほこりが、いくすじもの　砂《すな》の川《かわ》をのこしています。

ペトロは　うれしそうに　笑《わら》います。
ナザリウスの　みたこともない、晴《は》ればれした笑《え》みです。
たくさんの信仰者《しんこうしゃ》を　置《お》きざりにして、ローマを去《さ》ることに　悩《なや》んでいた苦悶《くもん》が　なくなっていました。
「わたしは、恩師に　たずねました」
ナザリウスは　ペトロの答《こた》えを　待《ま》っています。
「主よ、いずこへまいられるのですか《クオヴァディスドミネ》、そうたずねると、イエスは、こたえました」
――
「ローマへ」
ペトロは　杖を　ひろうと、ナザリウスに　手《て》わたしました。
「さあ、行《い》こう。」
ナザリウスは　息《いき》をのみ、使徒の瞳《ひとみ》を　みつめました。
わかい弟子《でし》は、手のひらの汗が　冷《つめ》たく引《ひ》いていくのを　感《かん》じました。

「主《しゅ》よ、いずこへ」

「ローマへ」

三

ローマへ……。

七《なな》つの丘《おか》からなる　おおきな都市《とし》。

狼《おおかみ》の育《そだ》てた子《こ》らが　築《きず》いたといわれる古都《こと》。

偉大《いだい》な使徒《しと》を　逮捕《たいほ》　殺害《さつがい》しようとしている　あのローマへ。

ナザリウスは、ペトロの　ゆったりした　眼《まな》ざしをうけとると、ろばといっしょに向《む》きを変《か》えました。

「師父《せんせい》、足《あし》が　痛《いた》むのですか」

ペトロが　顔《かお》をしかめると、ナザリウスは　荷物《にもつ》を二《ふた》つかつぎ、ほかの荷《に》を上手《じょうず》にずらして積《つ》み、使徒を　ろばにのせました。

「主《しゅ》は、あの日《ひ》　エルサレムに入城《にゅうじょう》されるとき、子《こ》ろばにのっておられました。わたしは、三〇数年《さんじゅうすうねん》もたって、ようやくろばにのり、主のお供《とも》をすることができます」

ろばの背《せ》に　ゆられているペトロは、幸《しあわ》せそうでした。

「わが師《し》は、復活《ふっかつ》し、天《てん》に昇《のぼ》られたとき、三三歳《さい》でした。わたしは、七〇《ななじゅう》歳にちかくなり、二倍《にばい》ほど　歳《とし》をかさねても、先生《せんせい》に追《お》いつけません。でもわたしは、一生懸命《いっしょうけんめい》あるきつづけ、やっと　きょう　ろばにのり　旅《たび》だつことを　ゆるしていただきました」

ろばの足音《あしおと》と　ナザリウスの杖《つえ》の音が、ちいさく　カツン　カツン　ひびきます。

都《みやこ》の市場《いちば》へ　野菜《やさい》や　ニワトリを運《はこ》ぶ　ろばや荷馬車《にばしゃ》が、街道《かいどう》に　ポツポツふえ、同《おな》じみちゆきのペトロたちを　追《お》い越《こ》していきます。

あかるい朝陽《あさひ》が、七色《なないろ》の虹《にじ》の織《お》りなす絨毯《じゅうたん》のように、ペトロの　のったろばの、ゆく道《みち》のさきを　照《て》らしています。

糸杉《いとすぎ》の梢《こずえ》の、あおい風に涼《すず》しくゆれている、あの丘をこえると　ローマが見《み》えます。

ナザリウスは　ペトロの語《かた》っている、主イエスの　エルサレム入城《にゅうじょう》の場面《ばめん》を思《おも》い出《だ》しました。

老《お》いた使徒が、神《かみ》の真《しん》の受命者《じゅめいしゃ》として、愛《あい》するイエスとともに生《い》きるため、このろばにのられていることが　若者《わかもの》には、わかりました。

神様の庭へ
永遠の命を求めて

アナスタシア 山崎 佳代子

本書は、キリスト（ハリストス）の復活にちなんだ八つのお話からなる短編集です。作者は、京都ハリストス正教会、生神女福音大聖堂《しょうしんじょふくいんだいせいどう》のパウェル及川信神父で、同じ著者によるクリスマスをテーマとした小品集『みちびきの星』（ヨベル、二〇二一年）の姉妹編といえるでしょう。

「**赤いゆり**」は、マタイ伝一章とルカ伝一章に記された聖母マリア（生神女マリア）の処女懐胎のお話、ヨハネ伝二章に記されたキリスト（ハリストス）の最初の奇跡であるカナの婚宴のお話、ヨハネ伝十一章に記されたラザロ（ラザリ）の復活のお話、そして四福音書が記すキリストの磔刑から成っています。

「**白いろば**」は、マタイ伝二十一章の記述にあるキリストのエルサレム入城を主題に、キリストを乗せるという大切な役目が与えられた小さなろばの話。

「**バラバ**」は、キリストの磔刑を主題としたお話。群衆は、ローマ帝国に反逆して人を殺したバラバに恩赦を求め、罪のないキリストが処刑されます。キリストの慈愛に触れて、バラバが心を動かすところでお話は終わります。群衆の愚かさ、残酷さ、世界がいかに不正義に満ちいていることか。しかし、キリストの愛は無限です。

「**わたしが十字架になります**」は、献身の喜びをテーマとしたアレゴリカルなお話です。数ある樹木のなかで、うばめがしの木が、受難のキリストとともに在ることを選びます。

「**ヴェロニカ**」は、イエスに癒された長血を患う女（マタイ伝九章）、イエスに救われた姦通の女（ヨハネ伝八章）、聖顔布の伝説で有名な聖ヴェロニカの伝承から成るお話。罪、汚れ、悔い改め、赦し、そして生きる喜びが主題となっています。

「**ふたりの弟子**」は、キリストの遺体の引き取りをピラトに願い出た、イエスの弟子ヨセフとニコデモを描いたお話。マタイ伝二十七章、マルコ伝十五章、ルカ伝二十三章、ヨハネ伝十九章に描かれた出来事をもとにしています。ピラトの妻が夫である総督ピラトに耳うちし、イエスのからだをふたりの弟子に下げ渡す手伝いをする描写が記されており、次のお話を準備しています。

「**ピラトの妻**」は、キリスト教徒を迫害するローマ帝国にあって、キリスト教徒として信仰を貫く聡明な彼女が主人公です。キリストの復活を象徴する朱色の卵の由来譚となっています。

そして最後の「**ペトロの旅立ち**」は、キリストの復活の後のお話。パウロとともにキリスト教の布教に命を捧げたペトロは、パウロの提言により、キリスト教徒の迫害が激しいローマを離れ、旅に出ます。エルサレムに入城したキリストのように、ペトロもろばに乗って……。

キリスト教では、救い主イエスの誕生を祝う降誕祭とともに、キリストの死と復活を祝うイースター、すなわち復活祭は大きな意味を持っています。とくに東方教会では、復活大祭と呼ばれ、祭りの中の祭りとされ、あらゆる祭りの中で復活大祭は最も重要な祭りとして、信仰生活の重要な位置を占めています。罪なきキリストが罰せられて磔となり、地上での命を失い、三日の後に復活し、天に昇り、父なる神の右に座せるというドラマチックな出来事を、信者たちは年ごとに記憶し、罪の赦しと永遠の命に思いを馳せるのです。

西方教会のキリストの磔刑図は、茨の冠や傷、両腕、両手に打ちこまれた釘が克明に描かれて、人々のために犠牲になられたキリストの肉体の苦悩が描かれています。これに対し、東方教会（正教会）では、磔刑図のフレスコやイコンでは、受難の苦しみは強調されません。セルビアのストゥデニツァ修道院の磔刑図は、中世ビザンチン美術の傑作ですが、釘や傷、血はほとんど描かれず、両手はゆるやかに拡がり慈愛に満ちて、瞳を閉じた顔は穏やかです。肉体を離れて、魂が天に昇る瞬間をとらえた図像だと言われています。

東方教会で復活大祭を描くイコンやフレスコでは、キリスト（ハリストス）が、地獄に下り、死を踏みつけて、両の手で人祖アダムとエヴァ（エワ）を取って、地獄から救い出すという図像が強い印象を与えます。キリストの復活によって、私たちが罪から解放された自由の喜びを伝える勝利の喜びに満ちた画像です。イスタンブールのカーリエ博物館のものが有名ですが、私の住むセルビアでも各地の教会、修道院の壁に描かれています。

東方教会に属するセルビアでは、復活大祭の前の四十六日間は、大斎《おおものいみ》といって、肉や乳製品、卵を断ち、身も心も浄めて祈りに専心するという習慣があります。食生活の決まりをきめ細やかに守り、愛と信仰をもって調理して共に食すことで、暮らしを振り返り、悔い改め、他者への思いやりを深める静かな日々を送ります。食生活を慎ましくすることで、心が穏やかに鎮まるのを信者は身をもって感じることになります。この間の聖堂での祈祷は、さらに厳かになり、祈りのうちに復活を待つのです。冬から春にかけて、人々は魂の救いについて、永遠の命について考える旅をすると言ってもよいでしょう。そして様々な花々が咲き乱れ、緑が萌えるころ、復活大祭が訪れます。家族や友達が集まって、染めた卵、仔羊の焼き肉や手作りのお菓子をかこんで、喜びを分《わ》かち合います。昇天祭までの四十日間、信者たちは「ハリストス復活」、「実に復活」と笑顔で挨拶を交わします。

地上の時間、肉体の時間だけがあるのではなく、地上の時間が終わって身体という命が尽きたあとにこそ、永遠の命が始まることを、キリストの復活は私たちに示しています。人間中心の生き方から解放されたとき、私たちが神に命のすべてを委ねるとき、人は自由と歓喜に満たされて救われる。復活祭はそれを示しているのです。イースター小品集が、復活祭を待つあなたの旅の友となりますように。

二〇二二年十一月八日、聖デメトリオス祭、ベオグラードにて

あとがき

この本に掲載された聖書の言葉は、日本聖書協会の「新共同訳」と「口語訳」聖書を参考にしています。祈祷文、聖歌詞は、日本正教会の祈祷書を参考にしていますが、作品の内容に合わせて、すこし変えているものがあります。また物語は、正教会の聖なる伝承を織りまぜていますが、そのほとんどが作者の創作であることをご理解ください。

本の題名が以前予告しておりました『ピラトの妻』ではなく、『わたしが十字架になります』となりました。「ピラトの妻」を探してお求めになったひとには、ご迷惑をおわびします。すみませんでした。

洗礼をうけ、キリスト教信仰に入るひとには、いろいろな動機、きっかけがあると思います。聖書や聖なる伝承に登場するひとの生き方、のちの人生を想像するとき、そのひとがすぐそばにいるような、肌の温もりを感じることがあります。信仰者を、〇〇人、〇〇族という十把《じっぱ》ひとからげの単位としてみるのではなく、目のまえの生きている「ひとり」をみとめます。そのひとが、予想もしないことばをわたしに話しかけ、ときに歓《かん》喜《き》を、ときに慟哭《どうこく》を、ときに神とひとへの尽くせぬ愛を伝えてきます。
ひとは変わることができる、復活する日がくる、と。

これらの物語の登場人物は、かけがえのないひとりです。わたしにとっての聖書や聖伝承は、無味乾燥《むみかんそう》な歴史事項、空疎《くうそ》な文字暗号ではありません。「ひとが神に献げた、祈りに満ちる　親しみの日々」です。

『クリスマス小品集　みちびきの星』でも、こころ温まる絵を画いてくださった聖像画家エウゲニア白石孝子先生。二〇二二年一〇月京都ハリストス正教会において詩の朗読会「蛍になって」をおこなってくださり、また本作品集にメッセージをお寄せくださった詩人、アナスタシア山崎佳代子先生。校正、的確なご助言により後援してくださるカッシャ川又敦子さん、ヨベル社の安田正人社長とスタッフの皆様、ふたたび　ごいっしょに仕事ができましたこと、深く御礼と感謝をいたします。

妻マルファまつえに　この本を贈ります。

二〇二二年　一二月二五日　京都

救主の聖なる降誕の祭日

パウェル　及川　信

著者・解説者・画家　略歴

パウェル及川　信（おいかわ　しん）

1959年、岩手県生。北海道立釧路湖陵高等学校、東京正教神学院、愛知大学に学ぶ。日本ハリストス正教会教団　東京、名古屋、鹿児島、人吉をへて現在　京都正教会。長司祭。

著書 『ロシア正教会と聖セラフィム』『馬飼聖者』『オーソドックスとカトリック』（サンパウロ）、『神父になったサムライ』『聖書人物伝』（日本正教会　西日本主教区）、『クリスマス小品集　みちびきの星』ヨベル、等。

アナスタシア山崎佳代子（やまざき　かよこ　詩人・翻訳家）

1956年、静岡市出身。北海道大学露文科卒業後、1979年、ユーゴスラビア政府奨学生としてサラエボ大学、リュブリャナ民族音楽研究所に留学、1981年よりベオグラード在住。

ベオグラード大学文学部教授。

著訳書　詩集 『海に行ったらいい』（思潮社）、『黙然をりて』（書肆山田）等、エッセイ 『ベオグラード日誌』（書肆山田）、『パンと野いちご』（勁草書房、宇治市紫式部文学賞受賞）、『ドナウ、小さな水の旅』（左右社）等、翻訳　ダニロ・キシュ著『若き日の哀しみ』（東京創元社）等。

エウゲニア白石孝子（しらいし　たかこ　画家・イコン画家）

1948年、北海道生。北海道教育大学特設美術課程中退、
慶応義塾大学文学部美学卒業。

1991年多摩大賞展にて奨励賞受賞（東京都多摩市所蔵）。
1994年岡山県赤磐市にアトリエを移し、白石デザイン研究所専従の傍らイコンの制作を始める。イコン教室、イコン制作の他、個展などを開催。イコン所蔵正教会:釧路、札幌、徳島、苫小牧、柳井原、圷、人吉、京都、足利、前橋、鹿沼など。

イースター小品集　**わたしが十字架になります**

2023年3月20日 初版発行

著　者 ── 及川　信
発行者 ── 安田 正人
発行所 ── 株式会社ヨベル　YOBEL, Inc.
〒113-0033 東京都文京区本郷 4-1-1-5F
TEL03-3818-4851　FAX03-3818-4858
e-mail：info@yobel. co. jp
装幀 ──ロゴスデザイン：長尾 優
印刷 ──中央精版印刷株式会社

配給元 ── 日本キリスト教書販売株式会社（日キ販）
〒162 - 0814　東京都新宿区新小川町 9-1
振替 00130-3-60976　Tel 03-3260-5670
 ISBN978-4-909871-85-5 C0016

恋《こい》とは　愛《あい》するとは　なんて切《せつ》なく　貴《とうと》いのだろう

愛の使徒《しと》　バレンタイン　よみがえる　秘話《ひわ》

『恋人《こいびと》たちの夜明《よあ》け』

及川《おいかわ》　信《しん》　　クリスマス小品集《しょうひんしゅう》 2

ひかり輝《かがや》く　七《なな》つの 贈《おく》りもの

星《ほし》降《ふ》る大地《だいち》

くつ下《した》の贈りもの

恋人たちの夜明け

とらわれびとのクリスマスツリー

きらめく聖歌《せいか》

いのちの木《き》

オーロラに照《て》らされて

正教会《せいきょうかい》（オーソドックス・チャーチ） 2000 年余《ねんよ》の

歴史《れきし》の織《お》りなす、すてきなクリスマスの物語《ものがたり》

つぎの作品集を　たのしみに　お待《ま》ちください

【書評再録：本のひろば２０２２年４月号】

主にささげるブーケ

及川 信著『クリスマス小品集　みちびきの星』

評者　岩佐めぐみ

四六判・176頁
定価 1,540円税込

かつて、内容を知らずジャケットに惹かれて本やCDなどを買うことを「ジャケ買い」といいました。美大卒の身としては（その成績は脇におくとして）ジャケットはとても気になるのです。けれどジャケ買いで失敗したことは少なくないし、逆にこの内容ならもっと違うジャケットが似合うのでは？　と感じることもあります。

本書を一目見た瞬間「私はこれを買わなくてはいけない！」と久々に心沸き立ちました。この素敵なジャケットをまとう本はいったいどんな――？　期待は裏切られませんでした。ジャケットとみごとに調和した素晴らしい一冊！　もう大満足です。

まずお伝えしたいのは表現の豊かさ。日本語とはこんなにも優しく、しなやかで美しいのかと改めて驚かされます。私たちに与えられている日本語は宝物だと誇らしくなりました。同時に、この宝がその価値をどんどん失いつつあるような危機感も覚えました。使われることばの数が減り（新しいことばは生み出されていますが）、思いや考えなど、大切にされなくてはならない心の表現も単純化されてきているのでは、と。そういう私も手紙よりメール、ラインのやり取りにスタンプを多用している一人……反省です。

なので、大人はもちろんのこと、ルビもふられているので、ぜひ子供たちも本書の多彩な表現に触れてほしいと切に願います。

特徴的なのは「　」（スペース）で区切られて「、」（読点）が抑えられていること。小川のような心地よいその流れに誘われ、声に出して読みたくなるのです。すると物語は細部までさらに色づき息づくのがわかります。どうぞ、この本をクリスマスシーズンに括ることなく、いずれの季節であっても手に取っていただきたいです。神様を知らない人は神様へと導かれ、すでに神様を知った人は、主が確かに生きておられ私たちの傍らにいてくださること、今日も主のご計画の中で導いてくださっていることを再認識するでしょう。

内容をほんの少しご紹介します。マタイの福音書で心を痛めてきた、二歳以下の男の子殺害について「イエスをたすけたクモ」で私ははじめて慰めを得ました。今後、同じ個所を読むときには痛みを超えて主の愛に目を向けたいです。

「乳香の木」では、木の崇高な祈りに私の霊も共鳴して思わずひざまずき、祈りを捧げました。タイトルともなっている「みちびきの星」は天地創造から救い主の誕生までを一つの星を通してたどります。空を見上げ「あの星にも聖なる仕事が与えられているのかな?」と思いを馳せ、「地上にいる私も使命を果たさせてください」と主に願わずにいられませんでした。

ひとつ読むごとに心に花ひらくような小品が七つ。最後にはこの一冊が主に捧げるために束ねられたブーケに思えました。

しずかでありながら強い感動がもたらされ、大きく深呼吸。

そこには数パーセントのため息が混じっていたことを告白します。ああ、私もこんな作品が書けたらいいのになあ、という……。

そんなあこがれも含め、この余韻をいつまでも味わっていたい、消えてほしくないとページをめくっていたら巻末にうれしいニュースを発見!

『イースター小品集　わたしが十字架になります』二〇二三年　春　刊行予定とのこと。

今度はどんな世界に導いてもらえるのでしょう。

（童話作家・ぶどうの木土浦チャペル）

ヨベルの既刊書（税込）

ピーターソン
友川 榮監訳

聖書に生きる366日 一日一章

川上直哉／斎藤 顕／サム・マーチー［訳］

「この時代を生き抜く」テキストとして読まれた聖書を、366日をかけて味わい、たどり直し、いのちの灯をともす。「聖人と罪人が入り交じる」牧会の現場で身をもって記された「珠玉のことば」。2018年にその生涯を終えたユージン・H・ピーターソンの記念碑的軌跡。

最新刊　A5判変型上製・四四〇頁・二七五〇円（本体二五〇〇円＋税）

神田外語大学大学院教授
岩本遠億

366日元気が出る聖書のことば　あなたはひとりではない

わたしは、あなたに約束したことを成し遂げるまで、決してあなたを捨てない。（聖書）

聖書を通して神（創造主）が語りかける励ましと慰め、そして戒め。季節の移り変わりや日常の出来事に寄せ、また自己の中にある分裂をも見据えながら、やさしい日本語で書き綴るたましいのことば。メールマガジンの中で18年間にわたり国内で屈指の読者数を獲得してきた著者が数千のメッセージを改訂し366日分を厳選。

五版出来！　A5判変型上製・三四四頁・一九八〇円（本体一八〇〇円＋税）

info@yobel.co.jp　FAX03(3818)4858　http://www.yobel.co.jp/